Jochen Wagner · Florian Stender

Samos

mit Ikaria, Patmos und Fourni

39 ausgewählte Touren

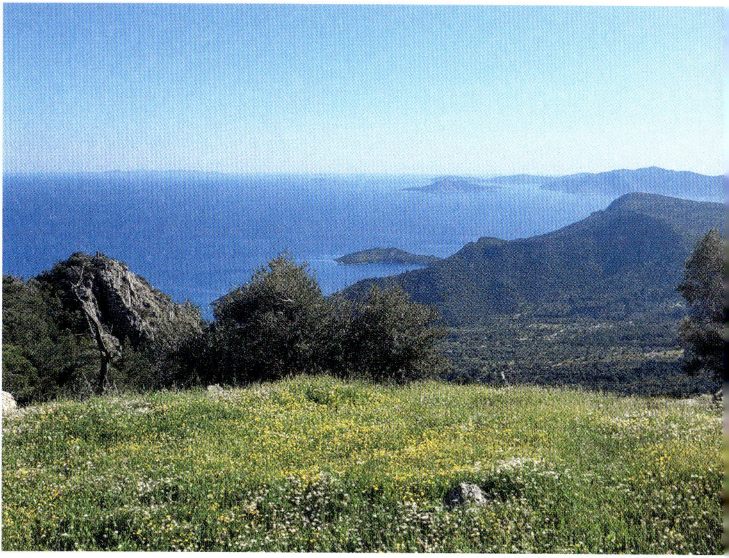

ROTHER
BERGVERLAG

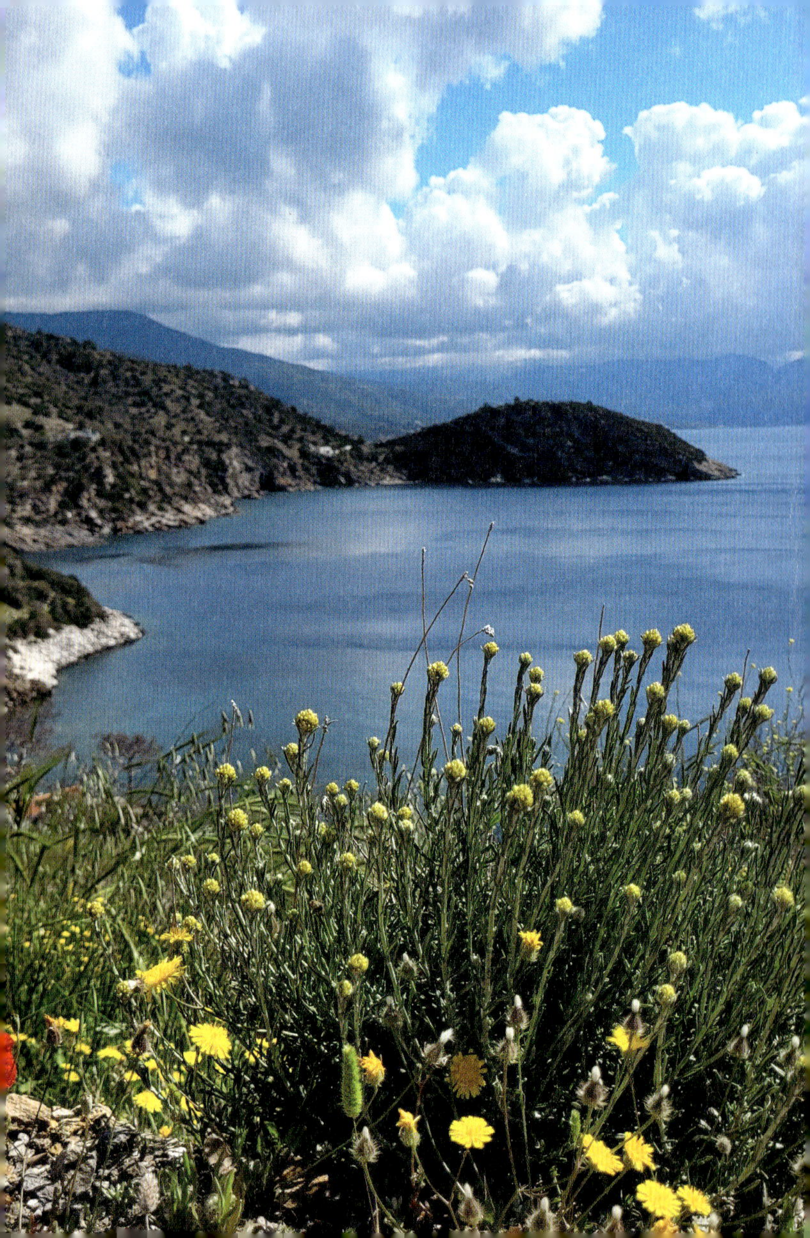

VORWORT

Willkommen zu einem unvergesslichen Urlaub in der Ägäis! Bei der Erkundung von Samos (Σάμος), Ikaria, (Ικαρία), Patmos (Πάτμος) und Fourni (Φούρνοι) werden Sie von der beeindruckenden antiken Geschichte, der mediterranen Natur und der Gastfreundschaft der Inselbewohner fasziniert sein. In Samos Stadt (Vathy/Βαθύ) und Mytilinii (Μυτιληνιοί) sind Sie gleichzeitig mit der Flüchtlingsproblematik konfrontiert. Diese Herausforderungen prägen aber nicht das Gesamtbild dieser zauberhaften Eilande, die in erster Linie Orte des Glücks und der Zuflucht für viele Urlauber sind.

Genießen Sie die vielfältigen Bademöglichkeiten im kristallklaren Meer, in erfrischenden Bächen oder sogar in heißen Quellen auf Ikaria. Freuen Sie sich auf Gespräche mit den Einheimischen, die eine jahrzehntelange Tradition im Tourismusgewerbe haben, aber auf Massentourismus und große Hotelanlagen verzichten. Gaumenfreuden warten selbst in abgelegenen Bergdörfern auf Sie, wo Sie auf schattigen Dorfplätzen bewirtet werden.

Sie werden sich schnell sicher und zu Hause fühlen, denn Kriminalität ist hier so gut wie nicht existent. Trauen Sie sich, per Anhalter zu fahren, und nehmen Sie selbst Tramper mit. Es eröffnen sich Ihnen unzählige Wandermöglichkeiten, von kurzen Küstenwanderungen bis hin zu anspruchsvollen Bergtouren. Die beschriebenen Touren sind als Vorschläge zu verstehen. Halten Sie sich nicht immer akribisch an die vorgegebene Route und haben Sie den Mut, selbst Neues zu entdecken – gerade diese ungeplanten Erlebnisse werden Ihnen besonders im Gedächtnis bleiben.

Um den Aufenthalt auf Samos, Ikaria, Patmos und Fourni zu genießen, ist es nicht nötig, griechisch zu sprechen und die griechischen Buchstaben lesen zu können. Aber mit wenigen griechischen Vokabeln werden Sie die Einheimischen beeindrucken und Ihren Urlaub zusätzlich bereichern.

Sie werden die Vielfalt der Landschaften bewundern: skurrile Felstürme, tosende Wasserfälle, malerische Strände und kleine Küstenebenen. Trotz ihrer überschaubaren Größe bieten die Inseln immer wieder neue Eindrücke: Man kann hier wenige Tage oder sogar mehrere Monate verbringen und noch immer auf unentdeckte Schätze stoßen.

In dieser kleinen lebensfrohen Gemeinschaft treffen Sie auf andere interessante Inselbesucher: Wanderer, Genießer und Naturliebhaber. Vor allem Samos und Teile von Ikaria sind geprägt von üppigem Grün, kühlendem Schatten und einer unglaublichen Artenvielfalt.

Wir laden Sie ein, mit diesem Wanderführer in diese griechische Inselwelt einzutauchen.

Sommer 2024 — Jochen Wagner, Florian Stender

Sandstrohblumen im trockenen Südwesten von Samos.

INHALTSVERZEICHNIS

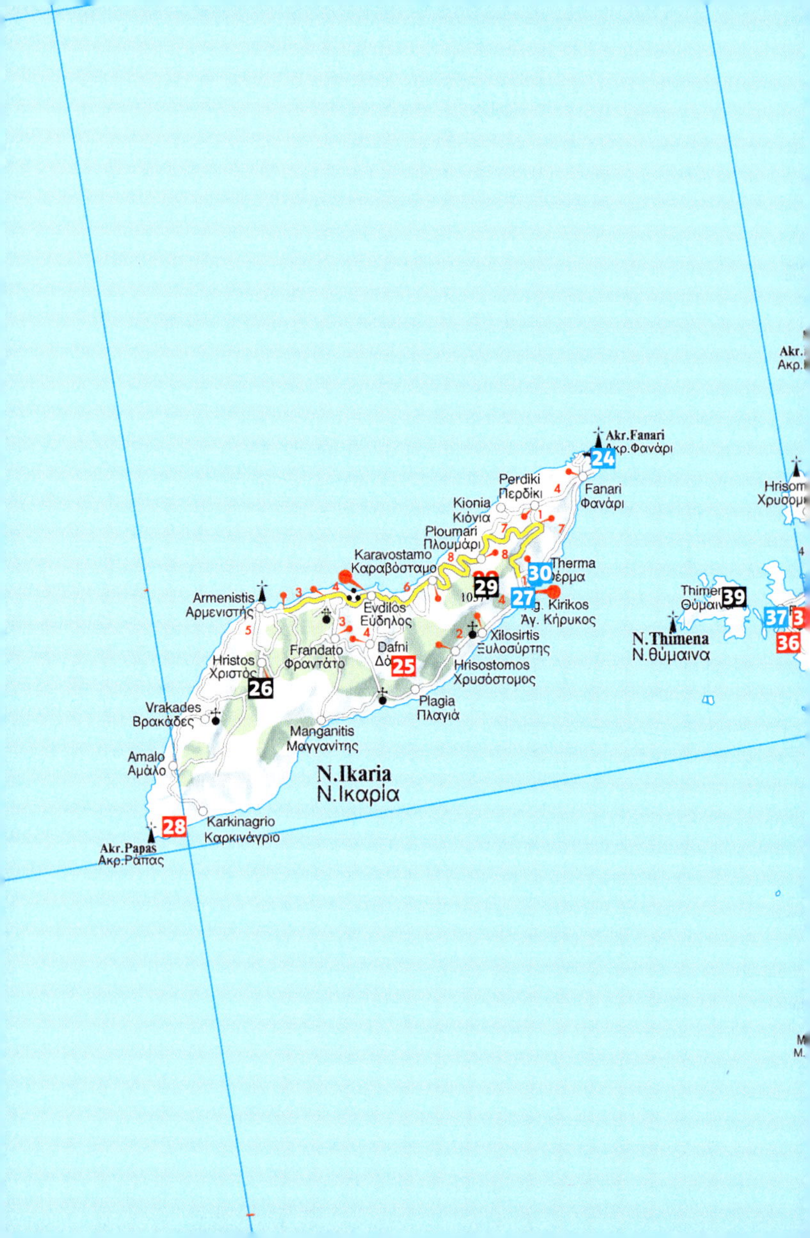
Akr.Fanari
Ακρ.Φανάρι
24
Perdiki
Περδίκι
Fanari
Φανάρι
Kionia
Κιόνια
Ploumari
Πλουμάρι
Karavostamo
Καραβόσταμο
Therma
30
29
27
Armenistis
Αρμενιστής
Evdilos
Εύδηλος
Ag. Kirikos
Άγ. Κήρυκος
Thimena
39
Θύμαινα
N.Thimena
Ν.Θύμαινα
37
36
Xilosirtis
Ξυλοσύρτης
Frandato
Φραντάτο
Dafni
25
Hrisostomos
Χρυσόστομος
Hristos
Χριστός
26
Plagia
Πλαγιά
Vrakades
Βρακάδες
Manganitis
Μαγγανίτης
Amalo
Αμάλο
N.Ikaria
Ν.Ικαρία
28
Karkinagrio
Καρκινάγριο
Akr.Papas
Ακρ.Ράπας

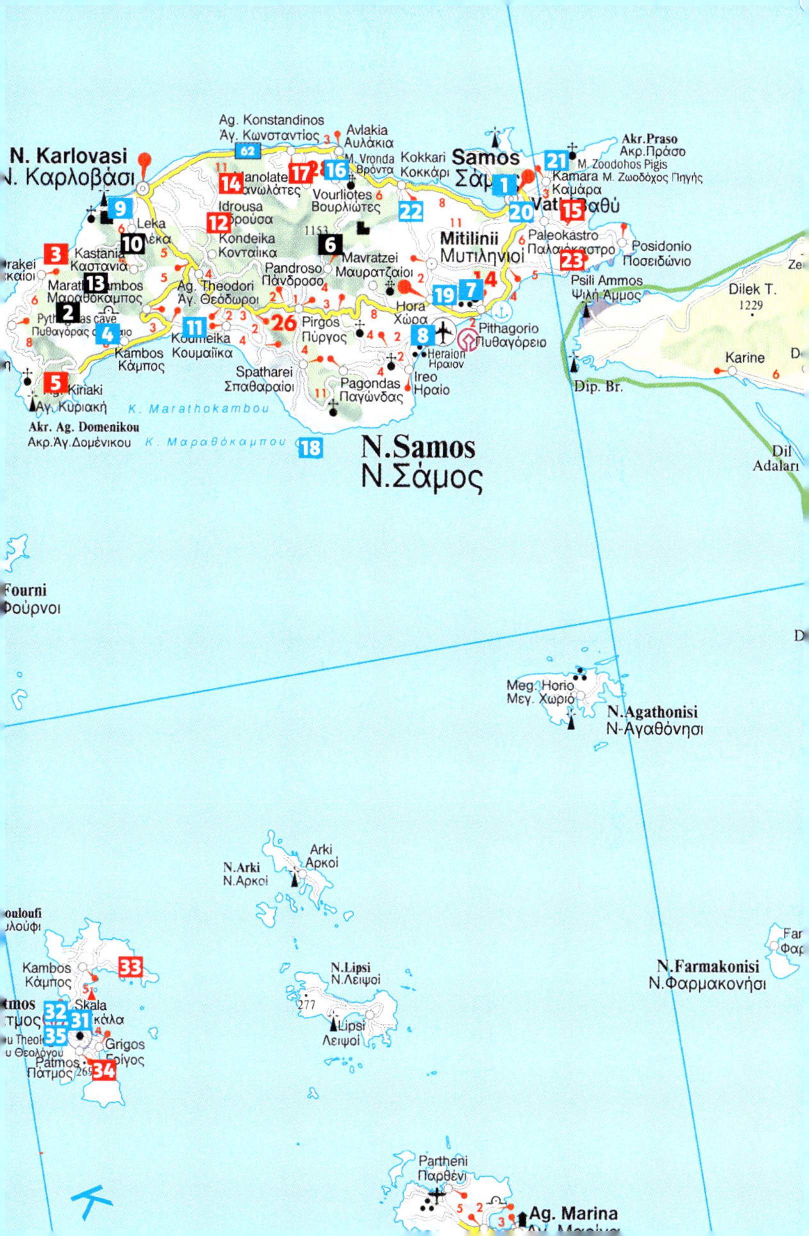
N. Karlovasi
Ν. Καρλοβάσι
Ag. Konstandinos
Άγ. Κωνσταντίος
Avlakia
Αυλάκια
M. Vronda
Βρόντα
Kokkari
Κοκκάρι
Samos
Akr. Praso
Ακρ. Πράσο
M. Zoodohos Pigis
Μ. Ζωοδόχος Πηγής
Kamara
Καμάρα
Vathi
Βαθύ
Vourliotes
Βουρλιώτες
Idrousa
Leka
Kastania
Καστανιά
Kondeika
Κονταίικα
Pandroso
Πάνδροσο
Mavratzei
Μαυρατζαίοι
Mitilinii
Μυτιληνιοί
Paleokastro
Posidonio
Ποσειδώνιο
Psili Ammos
Ψιλή Άμμος
Dilek T.
1229
Karine
Dip. Br.
Ag. Theodori
Άγ. Θεόδωροι
Hora
Χώρα
Pithagorio
Πυθαγόρειο
Pirgos
Πύργος
Heraion
Ηραίον
Ireo
Ηραίο
Koumeika
Κουμαίικα
Kambos
Κάμπος
Spatharei
Σπαθαραίοι
Pagondas
Παγώνδας
Ag. Kiriaki
Αγ. Κυριακή
Akr. Ag. Domenikou
Ακρ. Αγ. Δομένικου
K. Marathokambou
Κ. Μαραθόκαμπου
N. Samos
Ν. Σάμος
Dil
Adaları
Fourni
Φούρνοι
Meg. Horio
Μεγ. Χωριό
N. Agathonisi
Ν-Αγαθόνησι
Arki
Αρκοί
N. Arki
Ν. Αρκοί
N. Lipsi
Ν. Λειψοί
277
Lipsi
Λειψοί
N. Farmakonisi
Ν. Φαρμακονήσι
Kambos
Κάμπος
Skala
Grigos
Γρίγος
Patmos
Πάτμος
Partheni
Παρθένι
Ag. Marina

TOP-TOUREN

Von Votsalakia über die Vigla nach Drakei
Das alpine Abenteuer kann durch eine Übernachtung auch auf zwei Tage aufgeteilt werden. *(Tour 2, 9.00 h).*

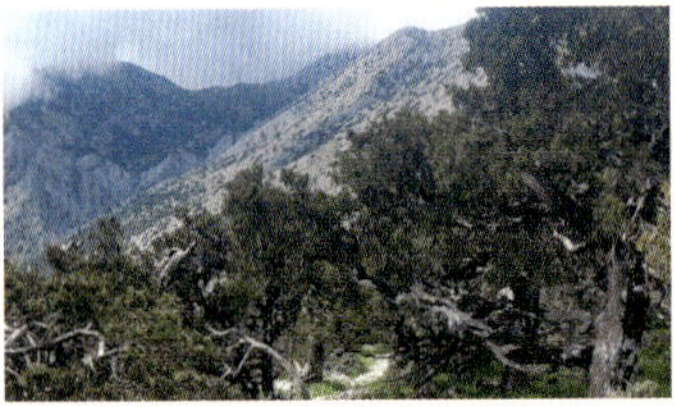

Von Potami nach Drakei
Unberührte Natur, spektakuläre Aussichten und viele Badeplätze erwarten einen bei einer der beliebtesten Wanderungen auf Samos. *(Tour 3, 3.30 h).*

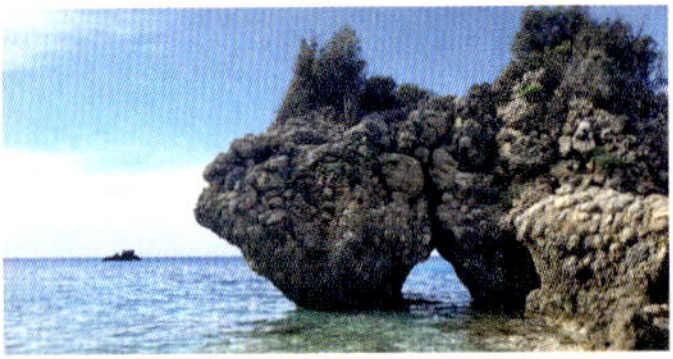

Rundtour von Vourliotes ins Nachtigallental
Entspannte Wanderung mit kühlen Schattenplätzen unter uralten Platanen und einladenden Restaurants in malerischen Dörfern. *(Tour 16, 2.30 h).*

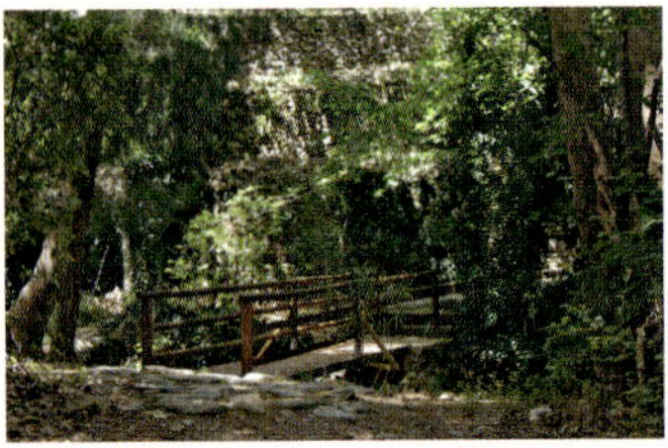

Von der Nord- zur Südküste
Eine konditionelle Herausforderung mit vielen Wasserfällen und einer bemerkenswerten Schlucht. Besonders im Frühjahr zu empfehlen! *(Tour 26, 7.45 h).*

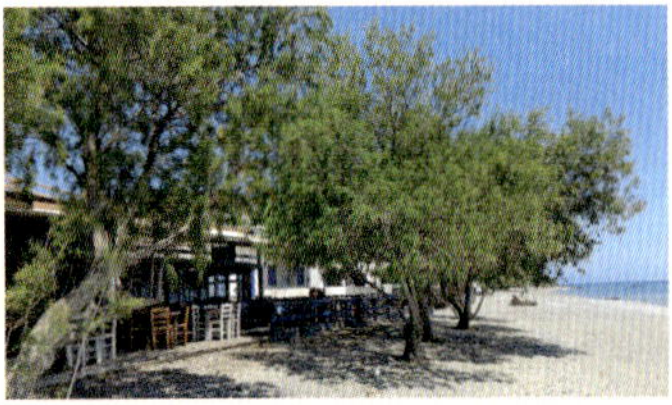

Von Chora zur Kipoi Bucht und zum Profitis Ilias
Mit Klöstern, Chora, einem idyllischen Strand und schönen Ausblicken über die gesamte Inseln vereint diese Tour Natur und Kultur. *(Tour 35, 2.30 h).*

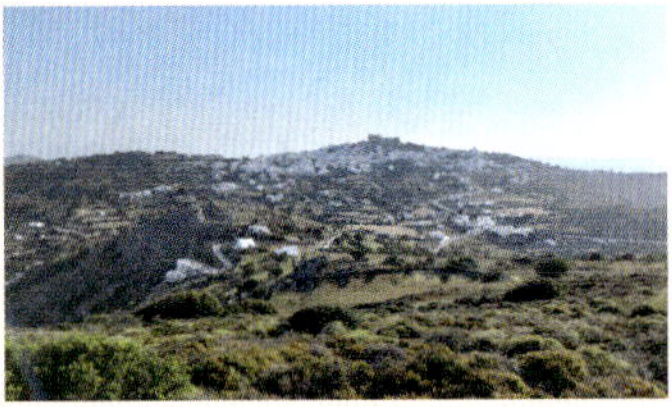

Von Fourni zu zwei Kapellen und auf den Hausberg
Kurze Tour, die einen tollen Überblick über Fourni und den westlichen Fourniarchipel bietet. *(Tour 37, 2.00 h).*

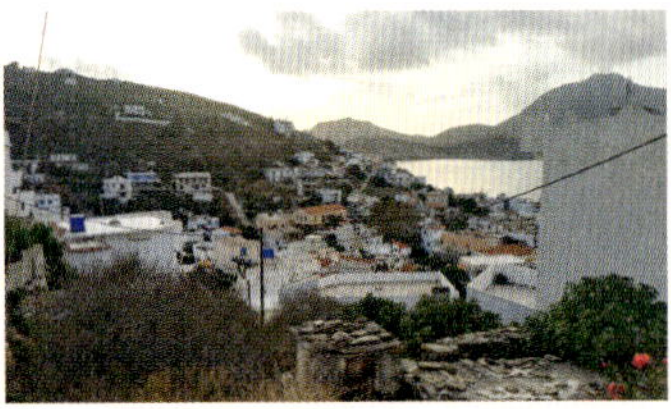

WICHTIGE HINWEISE FÜR UNTERWEGS

Anforderungen

Für alle Inseln gilt: angemessene Wanderausrüstung, ausreichend Wasser und Schutz vor der Sonne sind unerlässlich, ebenso wie die Berücksichtigung der Wetterbedingungen. Um die Sicherheit auf den abgelegenen und technisch anspruchsvollen Pfaden (schwarze Touren) zu gewährleisten, sind außerdem Vorkenntnisse zur Orientierung im alpinen bzw. weglosen Gelände nötig. Aufgrund der überschaubaren Größe der Inseln finden Sie bei Bedarf aber auch schnell Hilfe im nächsten Ort bzw. an der nächsten Straße.

SCHWIERIGKEITSKATEGORIEN

■ = Leicht

Die Wanderungen verlaufen auf deutlich erkennbaren Wegen und Pfaden und weisen geringe Steigungen auf. Besonders auf Samos sind die Touren häufig markiert. Sie eignen sich hervorragend für Familien und ältere Wanderer, die eine entspannte Wanderung ohne technische Herausforderungen suchen. Die Dauer der Touren ist in der Regel kurz bis moderat.

■ = Mittel

Mittelschwere Touren bieten eine Herausforderung, stellen aber keine extremen Anforderungen. Die Wege können stellenweise schmal, steinig oder rutschig sein und erfordern eine gute Kondition und Trittsicherheit. Die Orientierung kann auf wenig frequentierten und entsprechend schlecht erkennbaren Pfaden erschwert sein. Die Steigungen sind merklich, aber ohne alpine Gefahren. Diese Touren sind für Wanderer, die bereits Erfahrung in unterschiedlichem Gelände haben und sich körperlich fit fühlen. Die Dauer der Touren variiert meist zwischen moderat und lang.

■ = Schwierig

Schwere Touren sind für erfahrene und ambitionierte Wanderer gedacht, die eine gute Orientierungsfähigkeit und ausgezeichnete Kondition mitbringen. Die Routen führen oft über anspruchsvolles Terrain, das einzelne technische Passagen, ausgesetzte Steige und auch Kletterstellen umfassen kann. Eigenverantwortung und alpine Erfahrung sind ebenso essenziell, um diese Touren sicher zu bewältigen. Solche Routen bieten im teils weglosen Gelände intensive Naturerlebnisse und spektakuläre Aussichten, verlangen jedoch Respekt und Vorsicht. Meist handelt es sich um lange Touren.

Gehzeiten

Ihre persönliche Zeit für die jeweilige Tour hängt natürlich von individuellen Faktoren ab. Die Angaben im Buch wurden nach DIN 33466 berechnet. Pausenzeiten sind in der Formel nicht berücksichtigt.

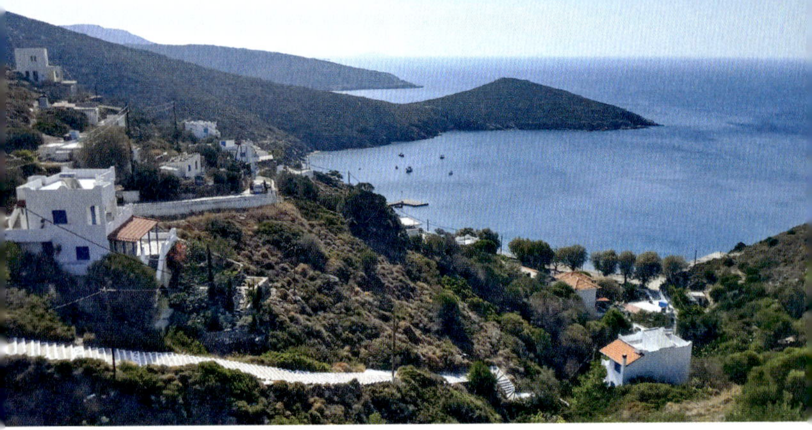

Ausblick vom Bergdorf Chrysomilia auf Fourni auf den kleinen Hafen und den Strand mit Tamarisken.

Gefahren

Vor Ort kann die Hitze in den Sommermonaten intensiv sein; daher ist es wichtig, ausreichend Wasser mitzuführen und die stärkste Sonne in den Mittagsstunden zu meiden. Es ist ratsam, festes Schuhwerk zu tragen und bei vielen Touren sind lange Hosen zumindest abschnittsweise wichtig. Giftige Schlangen und Skorpione gibt es auf Samos, ohne dass die Autoren auf den Inseln jemals gebissen wurde. Beim Baden in abgelegenen Buchten ist auf Seeigel zu achten.

SYMBOLE

Symbole im Tourenkopf

- mit Bus erreichbar
- Einkehrmöglichkeit
- für Kinder geeignet

Symbole im Höhenprofil

- Ort mit Einkehrmöglichkeit
- Einkehrmöglichkeit
- Unterstand
- Bushaltestelle
- Hafen, Anlegestelle
- Gipfel
- Pass, Sattel
- Kirche, Kapelle, Kloster
- Burg, Kastell, Ruine
- archäologische Stätte
- Aussichtsplatz
- Quelle
- Badeplatz, Bucht
- Wasserfall
- Leuchtturm
- Höhle
- Abzweigung
- markanter Baum

Flüchtlingsproblematik

Seit 2015 hat die griechische Insel Samos Stadt (Vathy) einen enormen Anstieg der Flüchtlingsankünfte erlebt, was zu überfüllten und oft menschenunwürdigen Bedingungen im und um das Registrierungszentrum bei Mytilinii führte. Ursprünglich für knapp 700 Menschen ausgelegt, beherbergte das Camp zeitweise über 5000 Personen unter prekären hygienischen Bedingungen. Diese akuten Probleme gibt es derzeit nicht mehr. Das gefängnisartige Containerlager bietet ausreichenden Lebensstandard für die Bewohner. Es fehlt allerdings meist eine langfristige Perspektive, denn für die Dauer des sich oft über ein bis zwei Jahre hinziehenden Asylverfahrens dürfen die Antragsteller Samos Stadt (Vathy) nicht verlassen und müssen die Nächte im Lager verbringen.
Die meisten Bewohner von Samos haben jetzt keinen Kontakt zu Flüchtlingen und auch als Tourist werden Sie höchsten in unmittelbarer Nähe des Lagers bei Mytilinii oder in Samos Stadt (Vathy) Asylbewerber antreffen. Sie können aber über die Organisation Samos Volunteers, die das Alpha Centre in Samos Stadt (Vathy) betreibt, Hilfe leisten. Es werden Bildungs- und Freizeitaktivitäten für die Flüchtlinge angeboten. Ihre Arbeit ist ein wichtiger Beitrag zur Verbesserung der Lebensbedingungen der Flüchtlinge durch Bildungsangebote und psychosoziale Unterstützung. Für weitere Informationen über ihre Arbeit und wie man unterstützen kann, besuchen Sie bitte ihre Website: Samos Volunteers (samosvolunteers.org).

Feiertage

- 1. Januar: Neujahr
- 6. Januar: Erscheinung des Herrn
- 25. März: griechischer Unabhängigkeitstag
- März/April: orthodoxer Karfreitag, Ostersonntag und Ostermontag. Das griechische Osterfest richtet sich nach dem julianischen Kalender, dem Vorläufer des heute normalerweise gebräuchlichen gregorianischen Kalenders.
- 1. Mai: Tag der Arbeit
- 15. August: Mariä Himmelfahrt
- 28. Oktober: Ochi-Tag (Tag des »Nein«) – Ablehnung des von Benito Mussolini am 28. Oktober 1940 an Griechenland gestellten Ultimatums vor dem Beginn des Griechisch-Italienischen Krieges
- 25. Dezember: erster Weihnachtsfeiertag
- 26. Dezember: zweiter Weihnachtsfeiertag

Netzspannung – Adapter für die Steckdose

Die Netzspannung beträgt wie in Deutschland 230 V bei einer Frequenz von 50 Hz. Ein Reisestecker-Adapter ist daher in Griechenland nicht nötig, wenn Sie elektrische Geräte aus Deutschland, Österreich oder der Schweiz verwenden.

Anreise

Von April bis Oktober ist die direkte Anreise mit dem Flugzeug nach Samos die bequemste und schnellste Option. Es bietet sich an, Samos als Ausgangspunkt zu wählen, um von dort mit der Fähre zu den umliegenden Inseln Fourni, Ikaria oder Patmos weiterzureisen.

Von November bis März stehen Direktflüge kaum zur Verfügung, sodass Reisende häufig in Athen oder Thessaloniki umsteigen müssen. Von diesen Städten aus können sie entweder einen Inlandsflug zu ihrem Ziel nehmen oder die Fährverbindungen von den Häfen Piräus (bei Athen) oder Thessaloniki nutzen, um zu den Inseln zu gelangen.

Eine alternative Anreisemöglichkeit, besonders interessant für Abenteuerlustige, ist die Busreise von Wien nach Griechenland über Sofia, angeboten zum Beispiel von ArdaTurs. Nach der Ankunft in Griechenland kann die Reise mit einer Fährfahrt von Thessaloniki oder Piräus zu den gewünschten Inseln fortgesetzt werden. Von Thessaloniki erreicht man Samos Stadt (16 Std.), Karlovasi (Καρλόβασι, 17 Std.), Fourni (18.30 Std.) und Ikaria (20 Std.) direkt mit Blue Star Ferries. Die Fähren verkehren je nach Saison allerdings nur ein- bis zweimal pro Woche. Von Piräus fährt Blue Star Ferries mindestens zweimal in der Woche die Inseln in umgekehrter Reihenfolge an (Ikaria 8 Std., Fourni 9 Std., Samos/Karlovasi 10 Std., Samos Stadt/Vathy, 11 Std.).

Für Reisende, die es bevorzugen, mit dem eigenen Pkw anzureisen, bietet sich die Fahrt über Italien als eine attraktive Route an. Von Italien aus kann man die Fähre nach Griechenland nehmen, die an verschiedenen Punkten, wie z. B. Igoumenitsa (Ηγουμενίτσας) oder Patras (Πάτρα), anlegt. Von dort aus ist es möglich, über das griechische Festland zu den Häfen Piräus (Πειραιώς) oder Thessaloniki (Θεσσαλονίκη) zu fahren und weiter mit der Fähre zu den Inseln zu gelangen.

GPS-TRACKS UND KOORDINATEN DER AUSGANGSPUNKTE

Auf **gps.rother.de** stehen zu diesem Wanderführer GPS-Tracks und die Koordinaten der Ausgangspunkte zum kostenlosen Download bereit. Dieser QR-Code führt direkt zum Download. 4. Auflage, Passwort: **414404khe**

Die GPS-Tracks können in die **Rother App** importiert werden. In der App kann man unterwegs stets sehen, wo man gerade ist und wo es langgeht. **Anleitungen dazu: rother.de/gps**

Trotz sorgfältiger Prüfung können wir Fehler und zwischenzeitliche Veränderungen nicht ausschließen. Verlassen Sie sich für die Orientierung niemals einzig und allein auf die GPS-Daten, sondern beurteilen Sie die Verhältnisse vor Ort.

Wanderkarten

Zu jeder Tourbeschreibung gibt es wie gewohnt eine kleine Karte. Um einen umfassenden Überblick bei der Tourenplanung zu bekommen, empfielt es sich trotzdem, eine (Papier-)Wanderkarte zu kaufen.

- Für die Inseln Samos und Patmos empfehlen wir die F&B Samos, Wander- und Freizeitkarte 1:35.000.
- Für die Inseln Ikaria ist die Wanderkarte von Anavasi im Maßstab 1:35.000 sehr zu empfehlen, anavasi.gr/maps-en/Ikaria-map-eng.
- Für Fourni eignet sich die Karte von Terrainmaps im Maßstab 1:25.000, terrainmaps.gr/en/maps/island-maps/fourni.
- Als digitale Karte bietet sich natürlich die Rother-App an, die bereits alle Tourenvorschläge beinhaltet.
- Mapy.cz ist eine weitere Website bzw. App, die vor allem markierte Wanderwege grafisch sehr markant darstellt und deshalb (nicht nur) für Wanderer sehr geeignet ist.

Mobilität vor Ort

Allgemein empfiehlt sich eine Kombination aus den im Folgenden beschriebenen An- bzw. Abreisemöglichkeiten zu den Start- bzw. Endpunkten der Wandertouren. Die spannenste und billigste Möglichkeit ist es, per Anhalter zu fahren. Sehr preiswerte Busse sind bei vielen Touren auf Samos eine gute Wahl. Ein Mietauto ist vor allem auf Ikaria sinnvoll. In der Hochsaison kann es hier allerdings zu Engpässen kommen und eine rechtzeitige Reservierung ist dann sinnvoll. Fahrrad/E-Bike ist eine Alternative, die besonders auf Patmos wegen der geringen Entfernungen zu empfehlen ist. Und zu guter Letzt gibt es bei einigen Streckenwanderungen, wenn es aufgrund des geringen Verkehrsaufkommens mit dem Trampen nicht klappt, die Möglichkeit, ein Taxi zu nehmen. Für die An- und Abreise spielen Fähren nur bei Tour 18 auf Samos bzw. Samiopoula eine Rolle. Um von einer Insel zu einer anderen zu wechseln, sind sie die einzige sinnvolle Möglichkeit (falls Sie nicht über ein eigenes Boot verfügen oder eines gemietet haben).

Fähren

Derzeit fahren folgende Fährgesellschaften die Inseln an:

- Dodekanisos Seaways, 12ne.gr/en
- Blue Star Ferries, bluestarferries.com/en-gb
- Hellenic Seaways, hellenicseaways.gr/en-gb

Fahrkarten können vor Ort auch kurzfristig am Schalter gebucht werden. Online ist die Buchung über die Homepage der Fährgesellschaften oder verschiedene Plattformen (Ferryhopper, Ferryscanner und Direct Ferries) ebenfalls möglich. Die Tragflügelboote von Dodekanisos Seaways sind am schnellsten, fahren am häufigsten, sind aber auch am teuersten. Länger als 2 Stunden dauern aber auch die Überfahrten zur nächsten Insel mit den anderen Fährgesellschaften nicht.

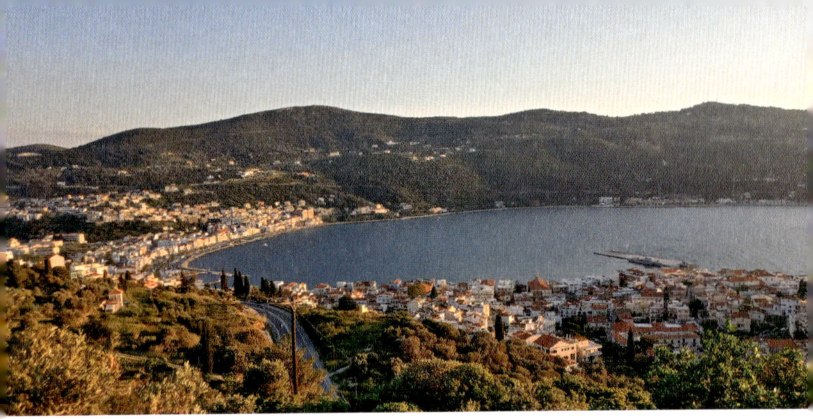

Blick über die Bucht von Samos Stadt (Vathy) mit Hafen und Uferpromenade.

Trampen

Diese Fortbewegungsart möchte ich ihnen auf den vier Inseln besonders ans Herz legen. Die Inselbewohner und andere Touristen mit einem Mietauto sind sehr hilfsbereit und freuen sich über ein kurzes Gespräch mit einem Wanderer. Die Entfernungen sind selbst auf Samos überschaubar und Sie können Touren mit unterschiedlichem Start- und Endpunkt durchführen. Das Risiko, keine Mitfahrgelegenheit zu bekommen, ist vor allem am Abend und in abgelegenen Regionen hoch – dann bleibt im Notfall aber immer noch die Möglichkeit, ein Taxi zu rufen.

Bus

Nur auf Samos gibt es ein Busnetz, das für viele Touren genutzt werden kann. Vor allem bei den nicht als Rundtouren konzipierten Wanderungen bietet sich die Anreise mit dem Bus an. Zentraler Ausgangspunkt ist der Busbahnhof in Samos Stadt (Vathy). Der folgende Busfahrplan beschreibt alle Busse auf Samos. Lesebeispiel: Sie wohnen in Pythagorio und starten am Dienstag um 8:15 Uhr nach Mytilinii und kommen dort 8:25 Uhr an (z. B. Tour 22). Um 13 Uhr nehmen sie von Kokkari den Bus nach Samos Stadt (Vathy). Hier haben Sie ca. 2,5 Std. Aufenthalt und um 16 Uhr fahren Sie zurück nach Pythagorio.

Fahrrad

In den größeren Orten gibt es überall die Möglichkeit, günstig Fahrräder zu mieten. E-Bikes stehen allerdings nur vereinzelt, z. B. in Pythagorio zur Verfügung. Tour 8 kann dort auch als Fahrradtour durchgeführt werden. Besonders zu empfehlen ist es, ein Fahrrad auf Patmos zu leihen, um den Ausgangspunkt einer Wanderung zu erreichen, da dort sowohl die Entfernungen als auch die Höhenunterschiede am geringsten sind.

	Samos	**– Kokkari**
Mo–Fr	8.30, 12.20, 14.00, 17.00	7.30, 9.00, 13.00, 16.30
Sa/So	8.30, 14.00, 17.30	10.00, 13.00, 15.30
	Samos	**– Agios Konstantinos**
Mo–Fr	8.30, 12.20, 14.00, 17.00	7.10, 8.40, 12.40, 16.10
Sa/So	8.30, 14.00, 17.30	9.40, 12.40, 15.10
	Samos	**– Karlovasi**
Mo–Fr	8.30, 12.20, 14.00, 17.00	7.00, 8.30, 12.30, 16.00
Sa/So	8.30, 14.00, 17.30	9.30, 12.30, 15.00
	Samos	**– Vourliotes**
Mo–Fr	14.00	7.00
Sa/So	keine Verbindung	
	Samos	**– Marathokampos**
Mo–Fr	12.20	7.20, 15.00
Sa/So	keine Verbindung	
	Samos	**– Votsalakia**
Mo–Fr	12.20	7.05, 15.00
Sa/So	keine Verbindung	
	Samos	**– Drakei**
Mo–Fr	12.20	6.00, 15.00
	Samos	**– Pythagorio**
Mo–Fr	6.15, 8.00, 10.00, 12.45, 14.00, 16.00, 17.00	7.20, 8.15, 10.20, 13.00, 15.15, 16.15, 17.15
Sa/So	10.30, 14.00, 16.00	10.45, 14.15, 16.15
	Samos	**– Ireon**
Mo–Fr	6.15, 14.00	7.05, 14.50
Sa/So	keine Verbindung	
	Samos	**– Pagondas**
Mo–Fr	6.15, 14.00	7.00, 14.50
Sa/So	keine Verbindung	
	Samos	**– Mytoi**
Mo–Fr	6.15, 14.00	7.00, 14.30
Sa/So	keine Verbindung	
	Samos	**– Chora**
Mo–Fr	5.20–20.05 alle 30–45 Min.	6.20–21.55 alle 30–45 Min.
Sa/So	keine Verbindung	
	Los Cristianos	**– Arona**
Mo–Fr	8.00, 10.00, 12.45, 14.00, 16.00, 17.00	7.20, 8.20, 10.20, 13.10, 16.20, 17.20
Sa/So	10.30, 14.00	10.50, 14.20
	Samos	**– Pyrgos**
Mo–Fr	14.00	7.00
Sa/So	keine Verbindung	

Mietwagen

Autovermietungen gibt es auf allen vier Inseln. Preise für Tagesmieten variieren in der Regel zwischen 30 und 60 €. Der Transport des Mietautos von einer Insel zu einer anderen ist nicht sinnvoll. Ein gültiger EU-Führerschein oder ein internationaler Führerschein sind erforderlich. Viele Vermieter setzen ein Mindestalter von 21 Jahren und mindestens ein Jahr Fahrerfahrung voraus. Da es keine Autobahnen oder Schnellstraßen gibt, und die Straßen sehr kurvenreich sind, sollte man auch mit dem Auto eine Durchschnittsgeschwindigkeit von nur 40 km/h einplanen. Vor allem auf Ikaria ist selbst diese Geschwindigkeit teilweise nicht zu erreichen. Für die Orientierung empfiehlt sich die F&B Samos, Wander- und Freizeitkarte 1:35.000 (siehe Karten).

Taxi

Taxifahren ist relativ günstig. Für die längste Strecke auf Samos von Drakei nach Samos Stadt (Vathy) müssen Sie ca. 60–70 € zahlen. Typischerweise reichen aber 20–30 €, um vom Endpunkt der Wanderung die Unterkunft oder den Ausgangspunkt wieder zu erreichen. Unter folgenden Nummern können Sie ein Taxi bestellen:

Samos (Σάμος)
- Samos Stadt (Vathy/Βαθύ): +30 22730 28404
- Karlovasi (Καρλόβασι): +30 22730 30777
- Pythagorio (Πυθαγόρειο): +30 22730 61440
- Marathokambou (Μαραθοκάμπο): +30 22730 37600
- Kokkari (Κοκκάρι): +30 22730 92585
- Mytilinii (Μυτιληνιοί): +30 22730 51400
- Chora (Χώρα): +30 22730 91700

Ikaria (Ικαρία)
- Agios Kirykos (Άγιος Κήρυκος): +30 697 3299129
- Evdilos (Εύδηλος): +30 694 5215411
- Karkinagri (Καρκινάγρι): +30 697 2697987
- Magganitis (Μαγγανιτης): +30 697 2525203
- Kato Raches (Κάτω Ράχες): +30 697 2021809

Patmos (Πάτμος)
- Patmos (Πάτμος): +30 22470 31225

Fourni (Φούρνοι):
- Fourni (Φούρνοι): +30 697 0879102

Zeit

Griechenland befindet sich in der osteuropäischen Zeitzone (EET). Im Vergleich zu Mitteleuropa bedeutet dies, dass Griechenland während der

Standardzeit eine Stunde voraus ist. Griechenland praktiziert auch die Umstellung auf Sommerzeit. Folglich bleibt der Zeitunterschied zwischen Griechenland und Mitteleuropa auch während der Sommermonate bei einer Stunde. Die beschriebenen vier Inseln liegen ca. 15 Grad östlich von Deutschland und somit ergeben sich bei der Tagundnachtgleiche (Äquinoktium) im Herbst und Sommer die gleichen Sonnenaufgangs- und Sonnenuntergangszeiten (siehe Tabelle). Aufgrund der südlichen Lage sind die Tage im Winter allerdings bis zu zwei Stunden länger und im Sommer zwei Stunden kürzer. Außerdem ist zu beachten, dass die Dämmerung spürbar kürzer als in Mitteleuropa ist.

SONNENVERLAUF UND TAGESLICHTDATEN

Datum	Sonnenaufgang		Sonnenuntergang		Tageslänge	
	Samos	Berlin	Samos	Berlin	Samos	Berlin
21.12.	7.23 Uhr	8.14 Uhr	16.56 Uhr	15.53 Uhr	9.30 Std.	7.39 Std.
21.03.	6.13 Uhr	6.05 Uhr	18.25 Uhr	18.22 Uhr	12.11 Std.	12.20 Std.
21.06.	5.50 Uhr	4.43 Uhr	20.37 Uhr	21.33 Uhr	14.46 Std.	16.50 Std.

Klima

Die vier Inseln haben ein typisches Mittelmeerklima, das durch milde, regenreiche Winter und heiße, trockene Sommer gekennzeichnet ist. Die klimatischen Unterschiede zwischen den Inseln sind gering, deshalb wird nur die Klimatabelle von Samos dargestellt. Große Unterschiede davon weisen nur die Hochlagen von Samos und Ikaria auf. Auf dem Kerkis ist es z. B. im Durchschnitt 11 °C kühler als an der Küste. Außerdem stellen die Gebirgszüge auf Samos und Ikaria eine natürliche Barriere für die Luft bei Nord- oder Südwind dar. Dann treten typische Föhnsituationen auf und Sie sollten eine Wanderung auf der windzugewandten Seite (Luv) planen, wenn Sie den kräftigen Windböen auf der anderen Seite (Lee) entgehen wollen. In der Klimatabelle sind nur die durchschnittlichen Werte der minimalen und maximalen Tagestemperatur dargestellt. Im Januar können z. B. Tageshöchsttemperaturen von ca. 13 °C und Tiefsttemperaturen von ca. 6 °C herrschen. Im Extremfall können aber auch 20 °C oder –10 °C auftreten.

KLIMATABELLE

		Jan	Feb	Mrz	Apr	Mai	Jun	Jul	Aug	Sep	Okt	Nov	Dez
Maximal-Temperatur	**°C**	13	14	16	20	25	30	33	33	29	24	19	15
Minimal-Temperatur	**°C**	7	7	8	11	15	20	23	23	19	16	12	9
Wassertemperatur	**°C**	17	16	16	18	20	23	24	25	23	21	20	18
Sonnenstunden	**h**	4	5	6	8	10	12	13	12	10	7	5	4
Niederschlag	**mm**	143	117	83	47	23	4	1	0	14	44	114	174
Regentage	**Tage**	10	9	7	5	3	1	0	0	1	4	7	11

Der Umwelt zuliebe ...

Auch beim Wandern hinterlassen wir einen ökologischen Fußabdruck, aber im Einklang mit der Natur unterwegs zu sein, ist gar nicht so schwer!

VORBEREITUNG UND ANFAHRT

- Sich vorab informieren, worauf in Bezug auf Natur und Umwelt in der jeweiligen Wanderregion besonders zu achten ist.
- Soweit möglich mit Bahn und Bus anreisen, Wander- und Rufbusse nutzen.
- Ist eine Anfahrt mit dem Auto nötig, Fahrgemeinschaften bilden.
- Bei weiten Anfahrten Mehrtagestouren planen oder von einem Quartier vor Ort aus mehrere Touren absolvieren.
- Flugreisen möglichst reduzieren und durch Beiträge zu Klimaschutzprojekten kompensieren.

KLEIDUNG UND AUSRÜSTUNG

- Beim Kauf von Outdoor-Kleidung auf umweltfreundliche und faire Herstellung achten und Kleidungsstücke möglichst viele Jahre nutzen.
- Ausrüstung kann man eventuell auch gebraucht kaufen oder ausleihen.
- Reparieren statt neu kaufen.

VERPFLEGUNG

- Beim Einkauf Bio-Ware, regionale und saisonale Erzeugnisse bevorzugen.
- Hütten und Gasthäuser auswählen, die regionale Produkte verwenden.
- Auf Einwegflaschen und Plastikverpackungen verzichten, stattdessen wiederverwendbare Trinkflaschen und Brotzeitboxen benutzen.

ÜBERNACHTUNG

- Bei lokalen Anbietern buchen, damit Menschen vor Ort profitieren.
- Auf Hütten und in anderen Unterkünften Strom und Wasser sparen.

UNTERWEGS

- Wege benutzen und Abkürzer vermeiden.
- Sperrungen von Wegen und Schutzgebieten respektieren.
- Keine Blumen pflücken und keine Pflanzen entnehmen.
- Waldbrandgefahr beachten.
- Müll wieder mit nach Hause nehmen und dort entsorgen.
- Toilettengänge in freier Natur möglichst vermeiden.
- Lärm vermeiden.
- Hunde an die Leine nehmen.

ROTHER
BERGVERLAG

Flora

Der menschliche Einfluss auf die Ökosysteme dieser Inseln reicht Tausende von Jahren zurück und hat sowohl positive als auch negative Auswirkungen gehabt. Landwirtschaft, Viehzucht und die Anlage von Terrassen haben die natürliche Landschaft geformt, zu einer Zeit, als die Inselbewohner lernten, mit den begrenzten Ressourcen ihrer Umgebung zu wirtschaften. Jedoch haben Überweidung, Abholzung und zunehmender Tourismus in einigen Gebieten auch zu Erosion und Habitatsverlust geführt.

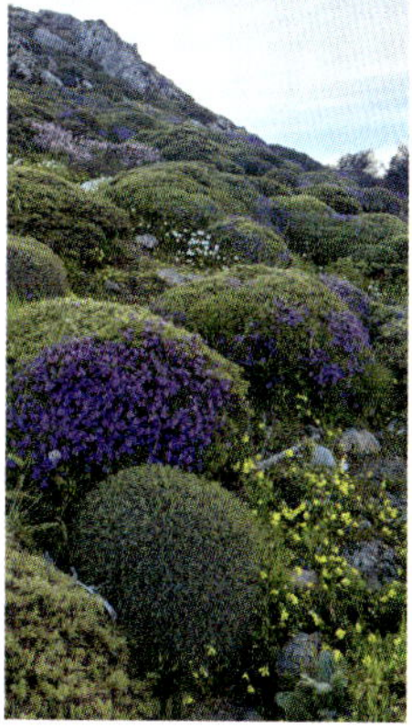

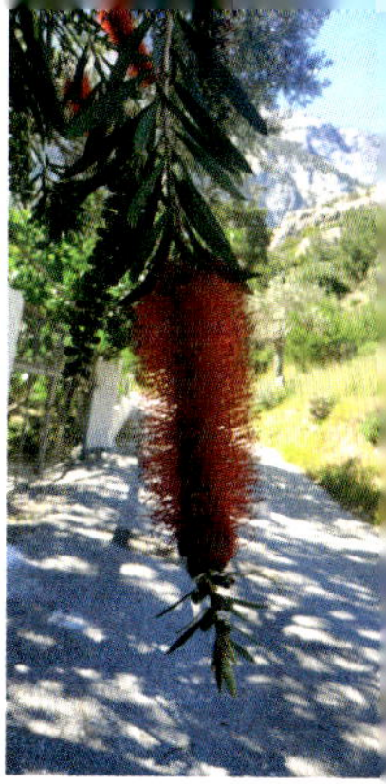

Frühling auf Samos: links das Griechisches Blaukissen (Aubrieta deltoidea); rechts der Trauer-Zylinderputzer (Melaleuca viminalis).

Samos, Ikaria, Patmos und Fourni präsentieren eine faszinierende Vielfalt an Pflanzen, geprägt durch ihre geografische Lage, klimatische Bedingungen und jahrhundertelangen menschlichen Einfluss. Samos und Ikaria, mit ihren bergigen Landschaften, üppigen Wäldern und reichlich (vor allem im Frühjahr) fließenden Gewässern, bieten einen idealen Lebensraum für eine Vielzahl von Pflanzen. Hier wachsen dichte Wälder aus Kiefern, Eichen und Platanen, unterbrochen von aromatischen Kräutern wie Thymian, Oregano und Rosmarin. Diese grünen Inseln beeindrucken vor allem im Frühjahr mit Blumenteppichen auf den Bergwiesen und bieten auch im Hochsommer und Herbst noch herrliche schattige Wanderstrecken. Ziegen stellen allgemein eine schwerwiegende Gefahr für die Vegetation dar. Der Konflikt zwischen Naturschützern bzw. der Forstbehörde und den Einheimischen Ziegenbesitzern ist nicht leicht zu lösen. Auf Samos und teilweise auf Ikaria wurden die Ziegen in den letzten Jahren zurückgedrängt, während auf Fourni und vor allem Patmos, die Ziegen dazu beigetragen haben, dass es hier keine Wälder mehr gibt.

Diese beiden Inseln zeichnen sich durch ihre eher kargen und felsigen Landschaften aus, die jedoch ihre eigene Schönheit und biologische Vielfalt besitzen. Auf diesen Inseln dominieren niedrige Macchia und Phrygana, widerstandsfähige Pflanzen, die an das trockene Klima angepasst sind, einschließlich verschiedener Arten von Thymian, Heilkräutern und wilden Blumen, die im Frühjahr die Landschaft in ein Farbenmeer verwandeln. An den Stränden wurden hier in den letzten Jahren vielfach Tamarisken angepflanzt. Diese Bäume spenden nun willkommenen Schatten. Über punktförmigen Drüsen auf den Blättern können sie Salz ausscheiden und sind somit an diese Standorte ideal angepasst.

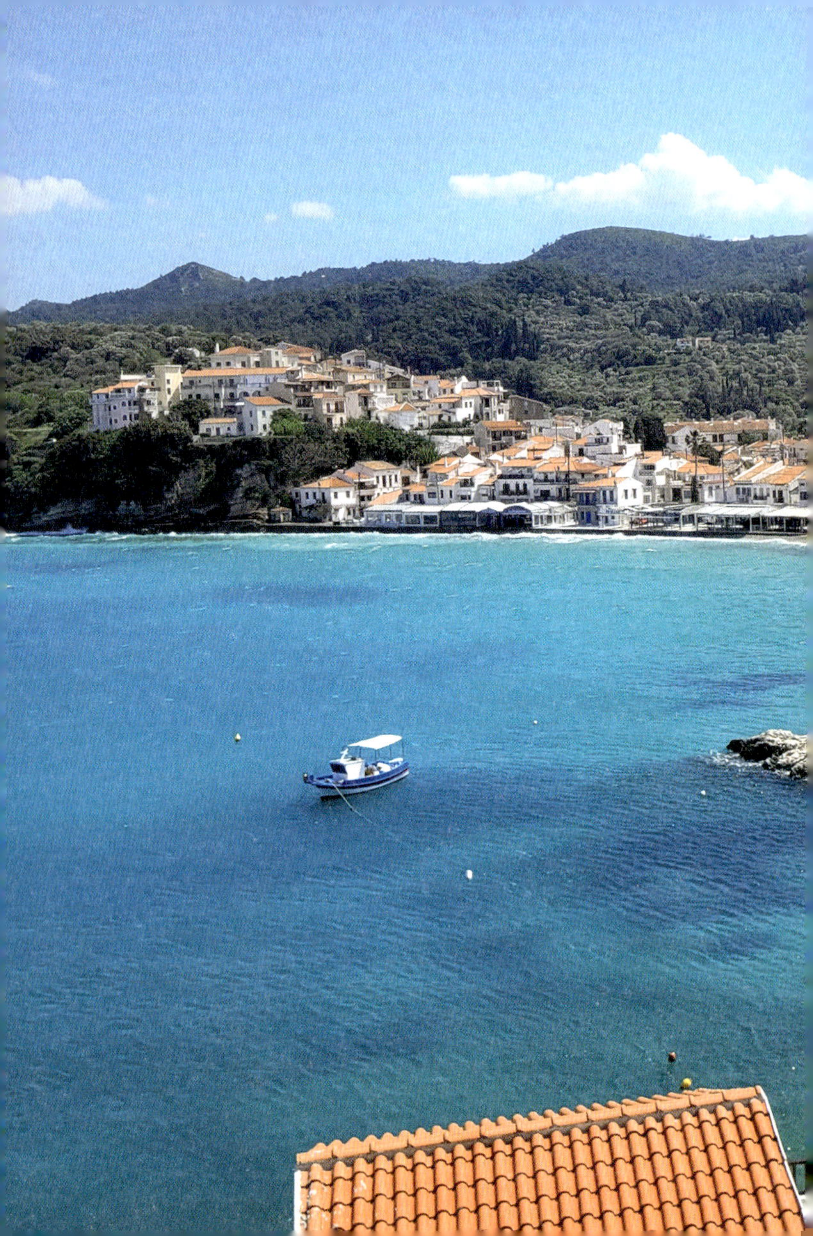

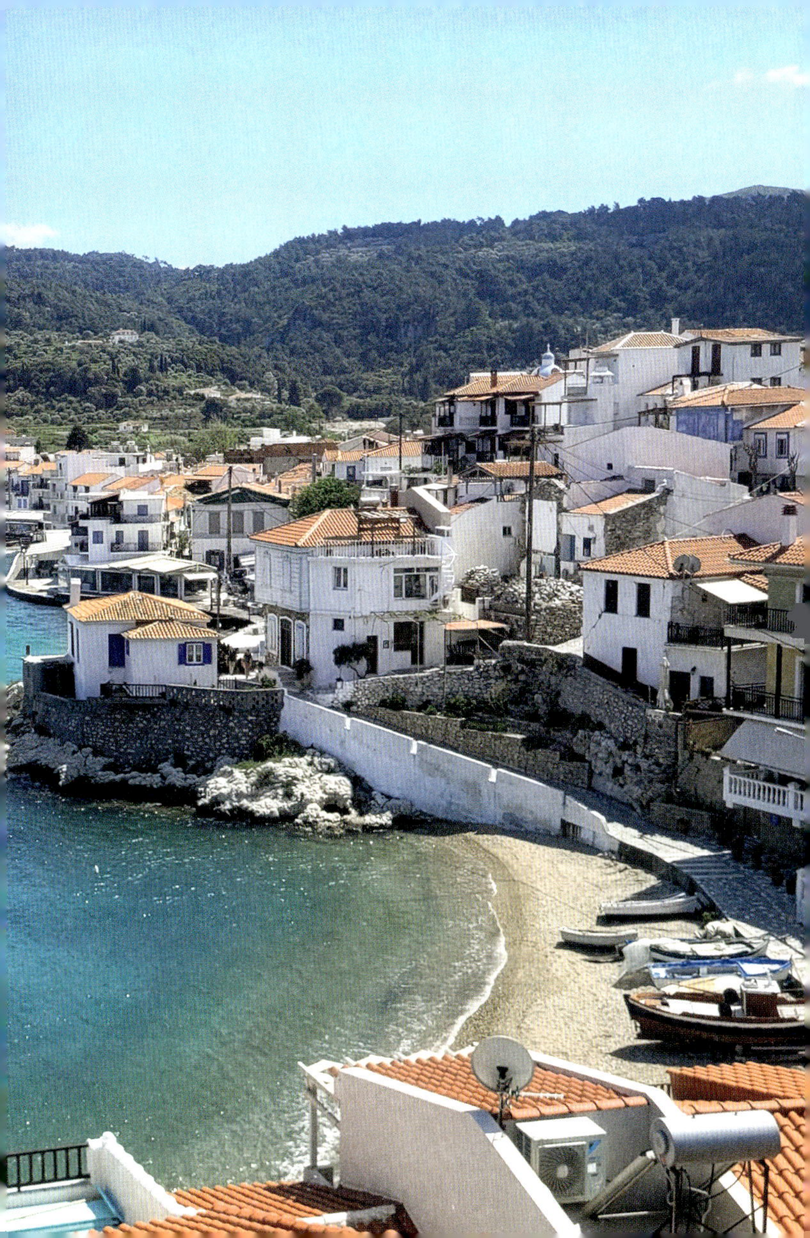

Samos

Samos (Σάμος) präsentiert sich als idealer Ausgangspunkt für die Erkundung der in diesem Wanderführer beschriebenen Inselwelten. Die Insel ist leicht zugänglich, mit Charterflügen, die den Flughafen nahe Pythagorio bedienen, sowie exzellenten Fährverbindungen von den Häfen Vathy, Karlovasi und Pythagorio, die eine nahtlose Fortsetzung der Reise zu anderen im Reiseführer beschriebenen Inseln ermöglichen.

Die Form von Samos erinnert an einen Delfin. Mit dem Kerkis, dem höchsten Gipfel der Ostägäis, im Westen der Insel, wartet Samos mit alpin anmutenden Wandertouren auf, die auch den anspruchsvollen Wanderer befriedigen werden. Die Insel beherbergt rund 33.000 Einwohner und ist die achtgrößte in Griechenland, dabei nur einen Steinwurf, genauer gesagt 2,5 km, vom türkischen Festland entfernt.

Die historische Bedeutung Samos' ist nicht zu unterschätzen. Persönlichkeiten wie Polykrates, ein antiker Tyrann, der für seinen Reichtum und seine Flotte bekannt war, Epikur, der Philosoph, der die Schule des Epikureismus gründete und das Streben nach Glück durch Vergnügen als Lebensziel lehrte, und nicht zuletzt Pythagoras, der vorsokratische Philosoph und Mathematiker, der für seinen berühmten Satz in der Geometrie bekannt ist, haben hier gelebt und gewirkt. Diese Figuren prägten die kulturelle und wissenschaftliche Geschichte nicht nur der Insel, sondern auch der westlichen Welt – oder kennen Sie nicht den »Satz des Pythagoras«?

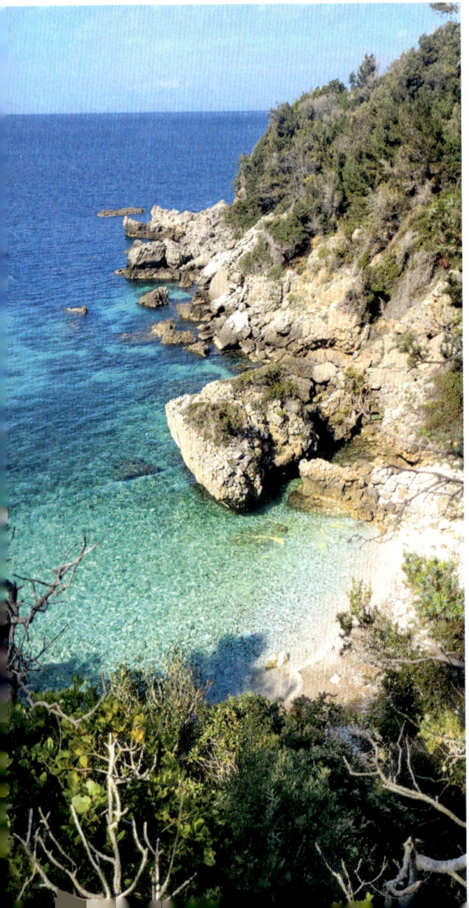

Die wilde Nordküste.

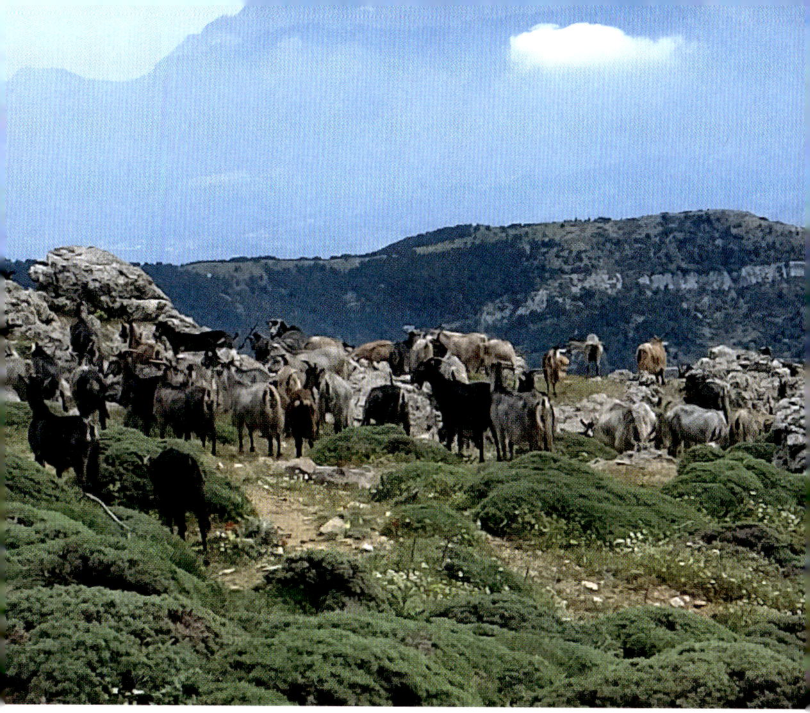

Ziegenherde – der Konflikt zwischen Forstbehörde und den Ziegenbesitzern ist auf Samos besser gelöst, als auf den anderen drei Inseln.

Touristisch ist Samos neben Patmos eine der beliebtesten Inseln des Archipels. Die kulinarischen Genüsse, ein funktionierendes Busnetz (zumindest wochentags) und zahlreiche Strände mit entsprechender Infrastruktur machen die Insel attraktiv. Trotz der Vorzüge und Annehmlichkeiten verzichtet Samos auf überdimensionierte Hotelkomplexe und massentaugliche Pauschalangebote, wodurch der authentische Charme der Insel bewahrt bleibt. Hier können Besucher sowohl die Gastfreundschaft als auch die natürliche und kulturelle Schönheit der Insel genießen, ohne sich im Trubel des Massentourismus zu verlieren.

Das Kloster Vronta im Norden von Samos.

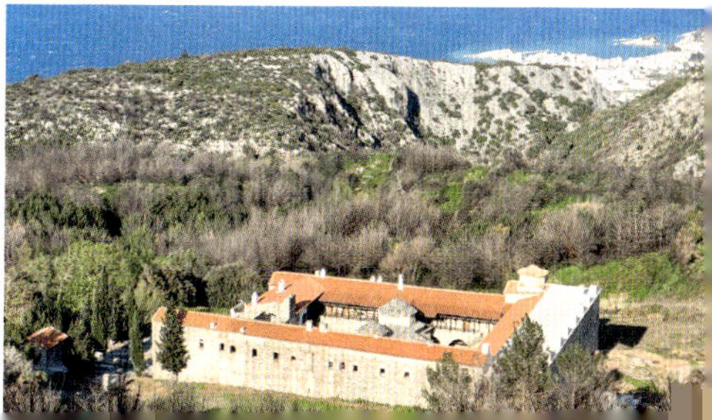

↗ 320 m | ↘ 320 m | 7.5 km

2.45 h

1 Auf den Profitis Ilias, 328 m

Sonnenuntergangstour auf den Hausberg von Samos

Wer mit der Fähre anreist, wird wahrscheinlich in Samos Stadt (Vathy) ankommen. Diese kurze Wanderung bietet neben fantastischen Ausblicken auf die Stadt und über die Bucht bis zum türkischen Festland einen ersten Vorgeschmack auf weitere Touren. Besonders stimmungsvoll ist die Tour am Abend. Die Kapelle Profitis Ilias (Προφήτης Ηλίας) am Berggipfel wird sicherlich nicht die letzte Profitis-Ilias-Kapelle bleiben, die wir auf Samos besuchen. Im Alten Testament wird der Fluchtort des Propheten Elias, der Berg Horeb, beschrieben, auf dem er sich im 9. Jahrhundert v. Chr. vor der Verfolgung durch Isebel, die Ehefrau des israelitischen Königs Ahoab, in Sicherheit brachte. In Griechenland gibt es deshalb etliche Berggipfel, die nach dem Propheten Elias benannt sind. Meist steht direkt am Gipfel eine Kapelle gleichen Namens.

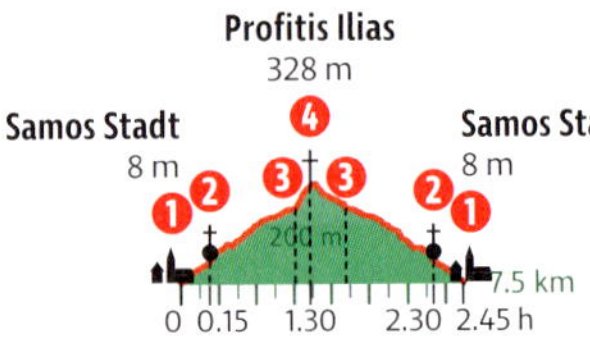

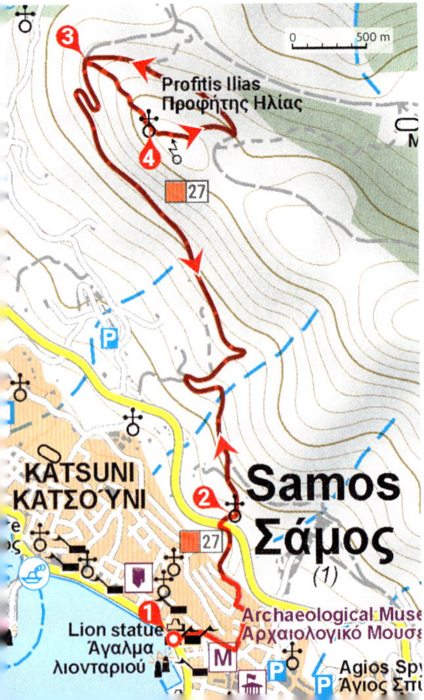

Ausgangspunkt: Samos (Σάμος) Stadt bzw. Vathy (Βαθύ), 8 m, Pythagorasplatz im Zentrum mit dem sitzenden Marmorlöwen. Anreise per Bus, Taxi, Auto möglich.

Anforderungen: Kurze Tour, verläuft überwiegend auf Schotterwegen mit moderater Steigung.

Einkehr: Nur in Samos Stadt bzw. Vathy möglich. Empfehlenswert ist das Lucky Strike Café direkt am Pythagorasplatz, restaurantguru.com/Lucky-Strike-cafe-Samos.

Baden: Der Hafenbereich eignet sich nicht zum Baden, daher keine Bademöglichkeit.

Hinweis: Die Tour führt (fast) am Archäologischen Museum vorbei. Das berühmteste Ausstellungsstück ist hier sicherlich die überlebensgroße Statue eines jungen Mannes (Kouros) aus dem Heratempel bei Ireo (Ηραίο). Öffnungszeiten Winter Mi–Mo 8–15 Uhr, Sommer Mi–Mo 9–16 Uhr.

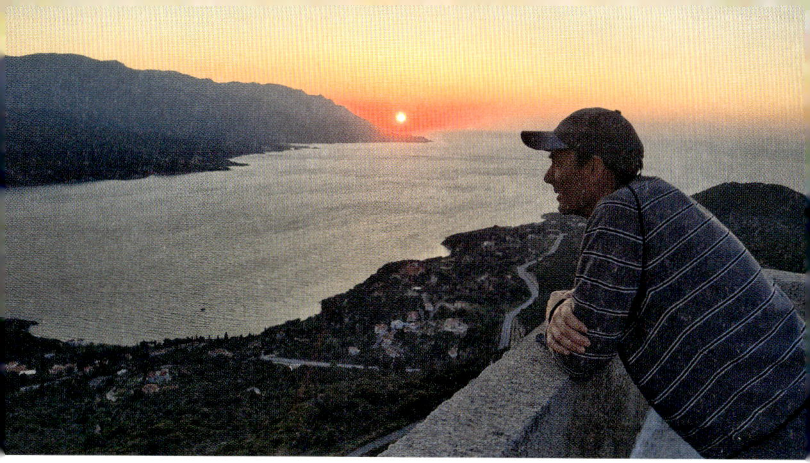

Die Nordküste von Samos beim Sonnenuntergang.

In **Samos Stadt ❶** verlassen wir den **Pythagorasplatz** mit der markanten Statue des **sitzenden Löwen** nach rechts in Richtung des Archäologischen Museums. Die gesamte Tour ist mit der Nr. 27 markiert. Kurz vor dem Samos Volunteers Alpha Centre – diese gemeinnützige Organisation unterstützt Flüchtlinge und Asylsuchende auf Samos – steigen wir links über Treppen hinauf. Bald haben wir den Ortsrand und anschließend die Umgehungsstraße oberhalb der Stadt erreicht. Wir überqueren die Umgehungsstraße und folgen einem anfangs etwas unscheinbaren Pfad zu einer **Kapelle ❷**. Ab hier verläuft die Tour auf einem gleichmäßig ansteigenden Schotterweg. Nach zwei Kilometern verlassen wir den Schotterweg bei einer **Kreuzung ❸** nach rechts auf einem zum Gipfel ansteigenden Pfad. Der Beginn des Pfades ist gut ausgeschildert, aber etwas durch Büsche versteckt. Bald ist der Gipfel des **Profitis Ilias ❹**, 328 m, mit der gleichnamigen Kapelle erreicht.

Beim Rückweg folgen wir kurz dem Zufahrtsweg Richtung Osten und halten uns bei der ersten Kreuzung links. Nach 600 m haben wir wieder die Abzweigung des Wanderweges erreicht und wandern auf dem Aufstiegsweg zurück nach **Samos Stadt ❶**.

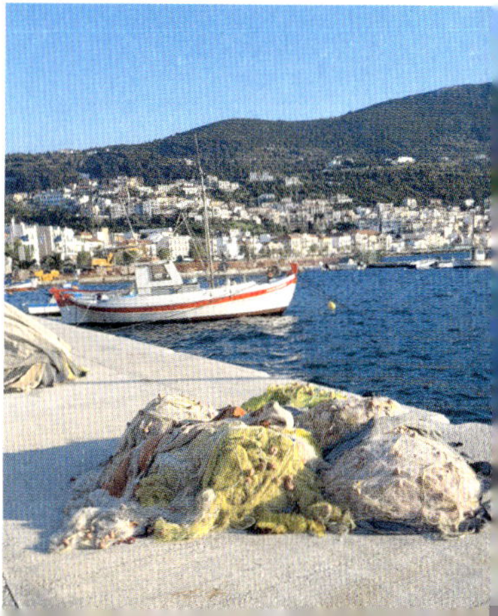

Fischerhafen von Samos am Ausgangspunkt der Wanderung.

TOP

2 Von Votsalakia über die Vigla nach Drakei

↗ 1500 m | ↘ 1300 m | 18.3 km

9.00 h

Königsetappe auf den höchsten Berg der östlichen Ägäis

Fantastische Ausblicke auf Samos (Σάμος) und die umliegenden Inseln und durchgängig beeindruckende Landschaft bietet diese Tour. Nicht zu unterschätzen sind die konditionellen Anforderungen. Im Frühjahr wandert man durch einen einzigartigen Blütenteppich. Trotz des prominenten Gipfels trifft man kaum auf andere Wanderer. Bei der Kapelle Profitis Ilias (Προφήτης Ηλίας) besteht die Möglichkeit, zu biwakieren und somit die Tour auf zwei Tage zu verteilen.

Ausgangspunkt: Votsalakia (Βοτσαλάκια) Busstation bzw. Tortuga Beach Bar. Wir sollten uns nicht von der Vielzahl der Bezeichnungen für den Startort verwirren lassen. Neben Votsalakia (Βοτσαλάκια), wird der Ort auch als Kambos (Κάμπος) bezeichnet, während Marathokambos (Μαραθοκάμπου) oberhalb in den Bergen liegt.
Öffentliche Anreise nach Votsalakia ist derzeit nur Mo–Fr einmal täglich möglich: Abfahrt 12.20 Uhr in Samos Stadt (Vathy/Βαθύ) über Karlovasi (Καρλόβασι) mit Ankunft 14.20 Uhr. Montags fährt der Bus weiter bis nach Drakei (Δρακαίοι).
Endpunkt: Drakei (Δρακαίοι). Rückfahrt von Drakei nach Votsalakia in der Saison ist in der Regel per Anhalter und natürlich per Taxi möglich. Bus fährt sehr selten.
Anforderungen: Anspruchsvolle Bergwanderung mit alpinem Charakter, verläuft fast ausschließlich auf steilen Bergpfaden, sehr gute Kondition, Trittsicherheit, und vor allem beim Abstieg ist auch Schwindelfreiheit erforderlich.
Einkehr: Am Ausgangspunkt in der Tortuga Beach Bar (tortuga.gr) und Endpunkt in der Taverna Kostas mit spektakulärer Aussicht von der Dachterrasse. Unbedingt Souflaki probieren! Kostas ist auch gern bei der Organisation der Rückfahrt oder der Zimmersuche im Ort behilflich. Wasser gibt es in der Nähe der Profitis-Ilias-Kapelle.
Baden: Am Beginn der Tour möglich. Der herrliche Sandstrand mit vielen Schatten spendenden Tamarisken ist allerdings attraktiver, wenn man die Tour in umgekehrter Richtung geht.
Hinweis: Wegen der Länge der Tour ist ein früher Aufbruch unbedingt nötig.

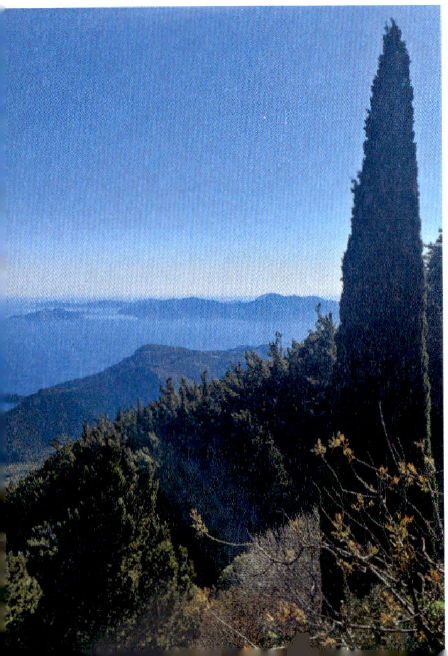

Ausblick auf den Fourniarchipel vom Kloster Evangelistrias.

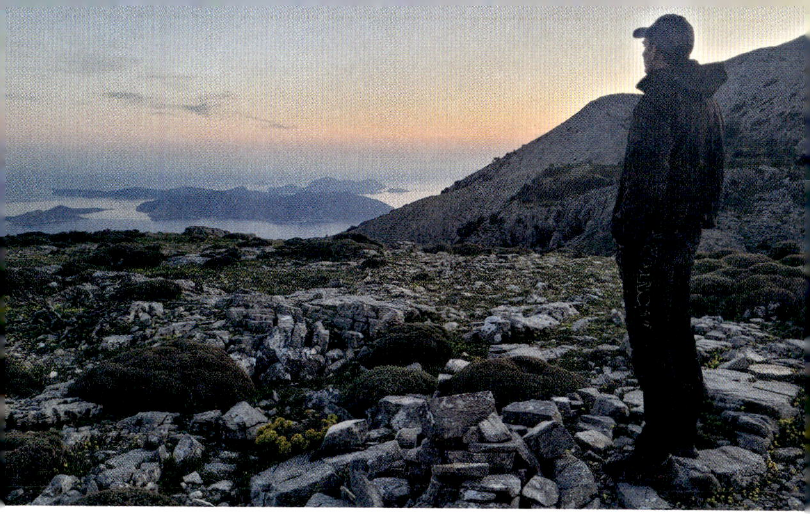

Karges Kalksteinplateau in der Nähe der Profitis-Ilias-Kapelle.

Wir starten bei der Tortuga Beach Bar in **Votsalakia** ❶ an der Bushaltestelle und folgen der Küstenstraße Richtung Westen. Nach 500 m biegen wir rechts auf einer geteerten Straße ab (Hinweisschild). Bis zum Gipfel des Kerkis ist der Weg mit der Nr. 9 markiert. Nach zwei kurzen Serpentinen ist das letzte Haus von Votsalakia erreicht, und wir halten uns an der Kreuzung geradeaus (rechts geht es zur Höhle des Pythagoras, Tour 4). Zunächst steigt der Weg moderat auf dem Fahrweg an. Rechts sind die imposanten Felswände des Kerkis zu sehen. Der Wanderweg ist weiterhin sehr gut markiert und steigt nun steil durch steiniges Gelände mit Serpen-

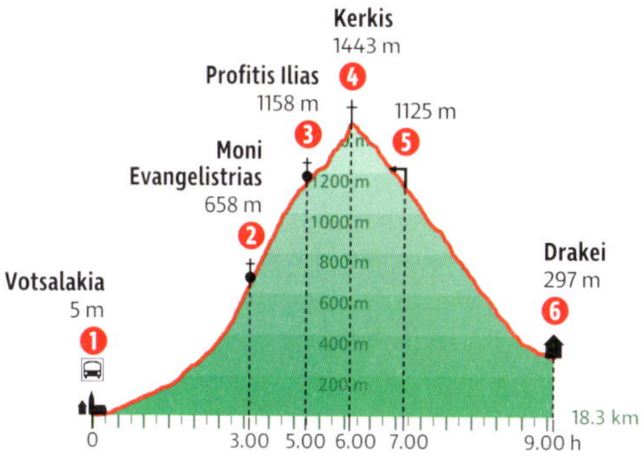

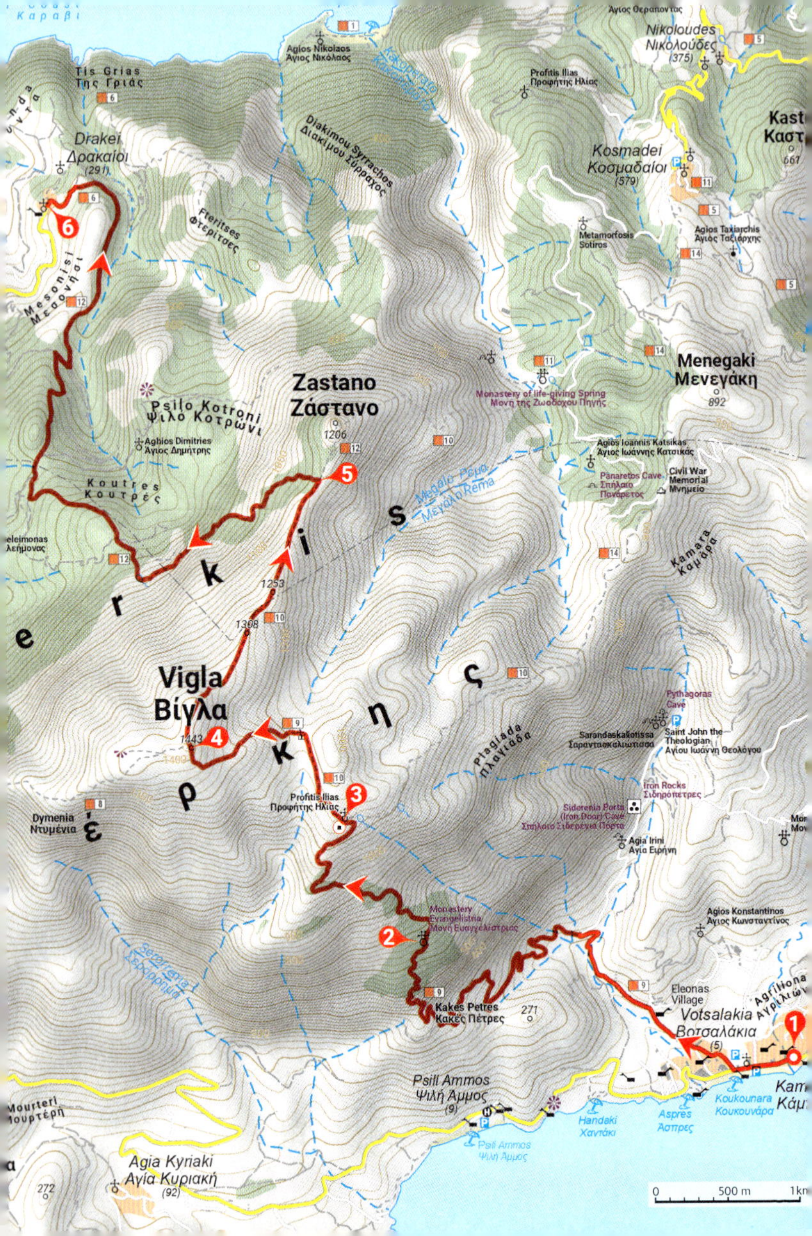

Καραβι
Tis Grias
Της Γριάς
Drakei
Δρακαίοι
(291)
Agios Nikolaos
Άγιος Νικόλαος
Diakimou Syrrachos
Διακίμου Σύρραχος
Fteritses
Φτερίτσες
Mesonisi
Μεσονήσι
Agios Therapontas
Άγιος Θεράποντας
Nikoloudes
Νικολούδες
(375)
Profitis Ilias
Προφήτης Ηλίας
Kosmadei
Κοσμαδαίοι
(579)
Kast
Καστ
667
Metamorfosis Sotiros
Agios Taxiarchis
Άγιος Ταξιάρχης
Psilo Kotroni
Ψηλό Κοτρώνι
Aghios Dimitrios
Άγιος Δημήτρης
Zastano
Ζάστανο
1206
Monastery of life-giving Spring
Μονή της Ζωοδόχου Πηγής
Menegaki
Μενεγάκη
892
Koutres
Κουτρές
Agios Ioannis Katsikas
Άγιος Ιωάννης Κατσίκας
Panaretos Cave
Σπήλαιο Πανάρετος
Civil War Memorial
Μνημείο
Megalo Rema
Μεγάλο Ρέμα
Kamara
Καμάρα
Λεήμονας
1253
1308
e r k i s
Vigla
Βίγλα
1443
ς η κ ρ έ
Pythagoras Cave
Sarandaskaliotissa
Σαρανταοκαλιώτισσα
Saint John the Theologian
Αγίου Ιωάννη Θεολόγου
Plagiada
Πλαγιάδα
Iron Rocks
Σιδηρόπετρες
Profitis Ilias
Προφήτης Ηλίας
Siderenia Porta (Iron Door) Cave
Σπήλαιο Σιδερένια Πόρτα
Agia Irini
Αγία Ειρήνη
Dymenia
Ντυμένια
Monastery Evangelistria
Μονή Ευαγγελίστριας
Agios Konstantinos
Άγιος Κωνσταντίνος
Serfrema
Σερφρεμα
Kakes Petres
Κακές Πέτρες
271
Eleonas Village
Agrilionas
Αγριλιώνα
Votsalakia
Βοτσαλάκια
(5)
Kam
Κάμ
Mourteri
Μουρτέρη
Psili Ammos
Ψιλή Άμμος
(9)
Handaki
Χαντάκι
Aspres
Άσπρες
Koukounara
Κουκουνάρα
Agia Kyriaki
Αγία Κυριακή
(92)
272
0
500 m
1 km

tinen zum **Kloster Evangelistrias** ❷ an. Seit 2009 leben hier keine Nonnen mehr. Das Gebäude wird aber weiterhin erhalten. Im Frühling durchqueren wir hier einen Blütenteppich. Nach dem Kloster wird die Landschaft karger und felsiger, die Orientierung etwas schwieriger. Es geht zunächst weiter steil Richtung Nordwesten mit tollen Ausblicken Richtung Süden hinauf; dann schwenkt der Pfad in flacherem Gelände in Richtung Nordosten, und bald erreichen wir die **Kapelle Profitis Ilias** ❸. In einem Raum neben der Kapelle kann notfalls übernachtet werden. Wasser gibt es 200 m unterhalb bei einer Quelle. Wir folgen dem weiter ansteigenden markierten Weg zu einem Sattel. Der Gipfel des **Kerkis** ❹, 1443 m, ist jetzt gut zu erkennen und nach einer Passage mit lockerem Gestein bald erreicht. Der Weiterweg auf dem Kamm (Wanderweg Nr. 10) ist wegen der fantastischen Ausblicke sehr genussreich. Kurz vor dem Gipfel des Zastano, 1206 m, biegen wir links steil auf dem **Weg Nr. 12** ❺ ab (Wegweiser). Natürlich bietet es sich bei ausreichend Zeitreserven an, auch noch diesen Gipfel zu besteigen (siehe Tour 13). Der anspruchsvolle Weg durch die Nordflanke des Kerkis (Κέρκης) erfordert Trittsicherheit. Es ist auf die Markierung (rote Punkte) zu achten. Die alte Variante des Weges ist mit blauen Punkten markiert und vereint sich nach 500 m wieder mit dem neuen rot markierten Weg. Durch dichten Kiefernwald erreichen wir schließlich unser Ziel **Drakei** ❻.

Blick in Richtung Norden. Die schönsten Ausblicke bieten sich allerdings gar nicht vom Gipfel, sondern beim Auf- und Abstieg.

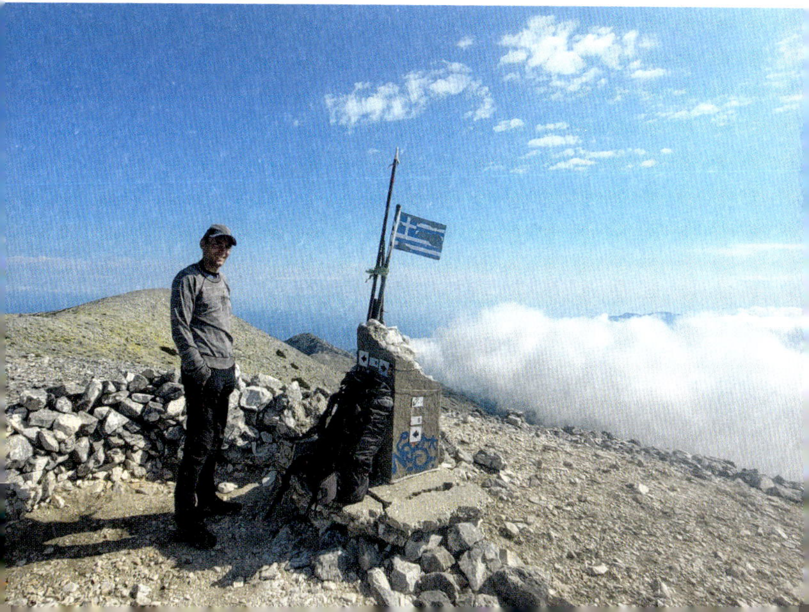

TOP

3

Von Potami nach Drakei

↗ 700 m | ↘ 300 m | 8.2 km

3.30 h

Die bekannteste Küstenwanderung auf Samos

Die Küstenstraße von Potami (Ποτάμι) nach Drakei (Δρακαίοι) wurde zur Freude der Wanderer nie fertiggestellt. Somit sind die atemberaubenden Strände und die grüne felsdurchsetzte Küste weiterhin nur per pedes oder mit dem Boot erreichbar. Der abgeschiedene Strand von Mikro Seitani (Μικρό Σεϊτάνι) und die spektakuläre Bucht von Megalo Seitani (Μεγάλο Σεϊτάνι) sind die Höhepunkte. Zusätzlich wartet die Tour mit artenreichen, Schatten spendenden Gehölzen und sorgfältig angelegten Olivenhainen auf. Der anschließende Aufstieg nach Drakei (Δρακαίοι) ist ein weiteres landschaftliches Highlight und bietet herrliche Ausblicke auf die felsige Küste. Die Rückreise kann entweder auf dem gleichen Weg erfolgen oder per Taxi bzw. per Anhalter.

Ausgangspunkt: Potami (Ποτάμι). Anreise mit dem Auto oder per Anhalter.
Endpunkt: Drakei (Δρακαίοι). Rückweg entweder zu Fuß auf dem gleichen Weg zurück nach Potami oder per Anhalter, Auto oder Taxi.
Anforderungen: Durchgehend sehr gut markierte und gepflegte Wanderwege; festes Schuhwerk erhöht mit Sicherheit die Wanderfreuden.
Einkehr: In Potami und am Ende in Drakei.
Baden: Am Start und am Strand von Mikro Seitani (Μικρό Σεϊτάνι) und in der Bucht von Megalo Seitani (Μεγάλο Σεϊτάνι).
Hinweis: Allein werden wir hier sicherlich nicht unterwegs sein; die spektakuläre Natur sollten wir aber trotzdem nicht verpassen!

Olivenhain oberhalb von Mikro Seitani (»kleine Teufelsbucht«).

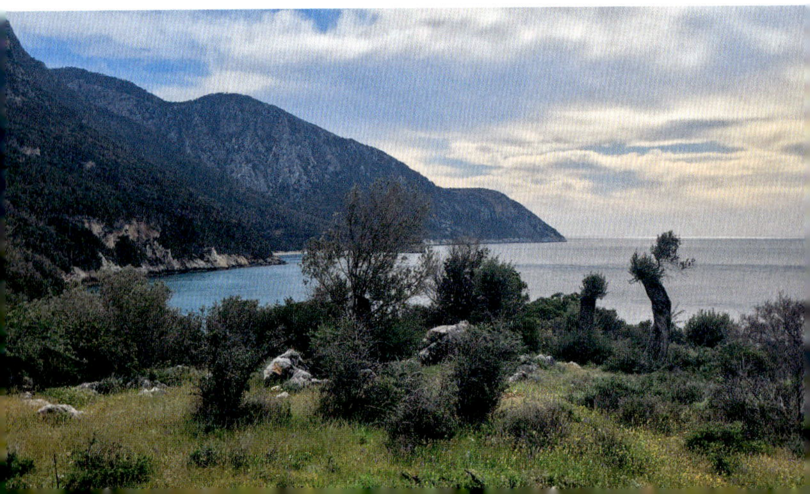

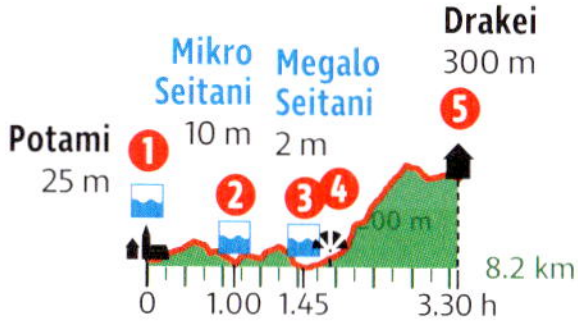

Wir starten am westlichen Ende der **Bucht** von **Potami** ❶ auf einer Beton- bzw. Schotterstraße. Nach etwas mehr als einem Kilometer biegt der sehr gut markierte und stark frequentierte Wanderweg Nr. 1 zur Küste ab. Bald erreichen wir den Strand von **Mikro Seitani** ❷ (»kleiner Teufel«). Oberhalb des Strandes wurden Terrassen angelegt und Oliven angepflanzt. Jetzt wird die Küste noch steiler und die **Bucht** von **Megalo Seitani** ❸ (»Große Teufelsbucht«) mit Sandstrand und felsigem Hintergrund stellt den landschaftlichen Höhepunkt dar. Der Strand ist nur zu Fuß oder per Schiff zu erreichen. Der folgende Aufstieg nach Drakei ist mit der Nr. 6 markiert. Der Weg verläuft großteils im Schatten. Kurz nach einer weiteren kleinen Bucht mit nur mühsam zu erreichendem Strand bietet sich schöner Ausblick ❹ auf die Küste Richtung Westen (Karavani Küste). Das letzte Stück bis **Drakei** ❺ verläuft auf einem Schotterweg. Hier sollte die Verbindungsstraße Drakei–Potami angelegt werden. Dieses Vorhaben wurde zur Freude der Wanderer nicht umgesetzt, bedeutet aber, dass der Rückweg nach Potami entweder ebenfalls zu Fuß erfolgt oder per Anhalter bzw. Taxi über Votsalakia (Βοτσαλάκια) und Karlovasi (Καρλόβασι) 45 km (!) beträgt.

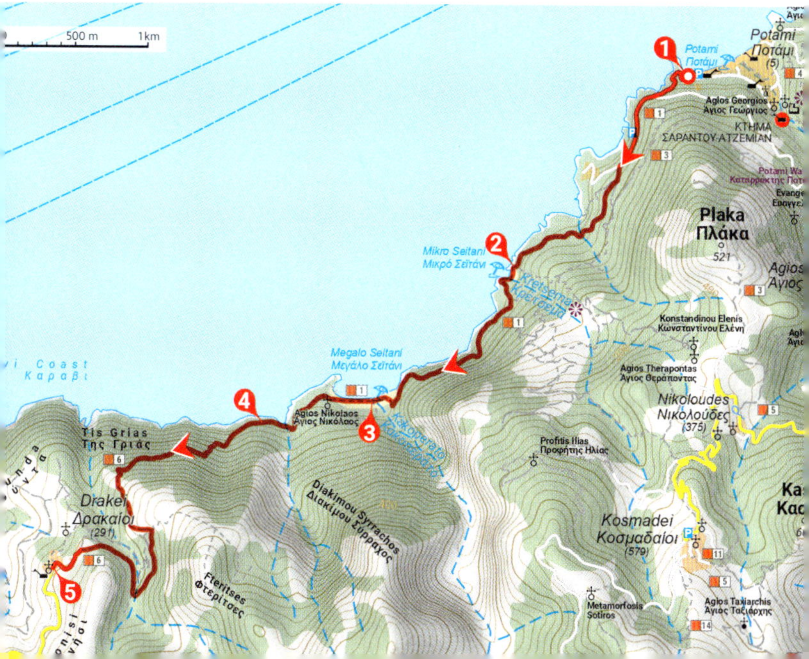

↗ 300 m | ↘ 300 m | 8.8 km

3.00 h

4 Zur Höhle des Pythagoras

Vom Strand zu den Steilwänden des Kerkis

Es ist sehr reizvoll, die landschaftlichen Kontraste zwischen der lieblichen Bucht von Votsalakia (Βοτσαλάκια) und dem schroffen Gebirgsmassiv von Kerkis (Κέρκης) zu erleben. Das Highlight der Tour ist aber die in einer steilen Felswand gelegene Höhle des Pythagoras. Laut der Legende suchte der antike griechische Philosoph und Mathematiker Pythagoras Zuflucht in dieser Höhle, als er vor dem Tyrannen Polykrates floh, der zur damaligen Zeit (etwa im 6. Jahrhundert v. Chr.) auf Samos (Σάμος) herrschte. Es wird behauptet, dass Pythagoras während seines Aufenthalts in der Höhle seine berühmte mathematische Theorie, den Pythagoräischen Lehrsatz, entwickelte.

Ausgangspunkt: Votsalakia (Βοτσαλάκια) Busstation bzw. Tortuga Beach Bar. Wir sollten uns nicht von der Vielzahl der Bezeichnungen für den Startort verwirren lassen. Neben Votsalakia (Βοτσαλάκια) wird der Ort auch als Kambos (Κάμπος) bezeichnet, während Marathokambos (Μαραθοκάμπου) oberhalb in den Bergen liegt.
Öffentliche Anreise nach Votsalakia ist derzeit nur Mo–Fr einmal täglich möglich: Abfahrt 12.20 Uhr in Samos Stadt (Vathy/Βαθύ) über Karlovasi (Καρλόβασι) mit Ankunft 14.20 Uhr. Montags fährt der Bus weiter bis nach Drakei (Δρακαίοι).
Anforderungen: Tour verläuft ausschließlich auf geteerten Nebenstraßen und Schotterwegen. Der kurze Aufstieg zur Höhle erfordert Schwindelfreiheit.
Einkehr: Tortuga Beach Bar (tortuga.gr), etliche Restaurants in Votsalakia. In der Saison gibt es an der Straße bei der Höhle einen Kiosk.
Baden: Am Beginn und Ende der Tour am Strand von Votsalakia.

Olivenhain mit grasenden Schafen im Frühling.

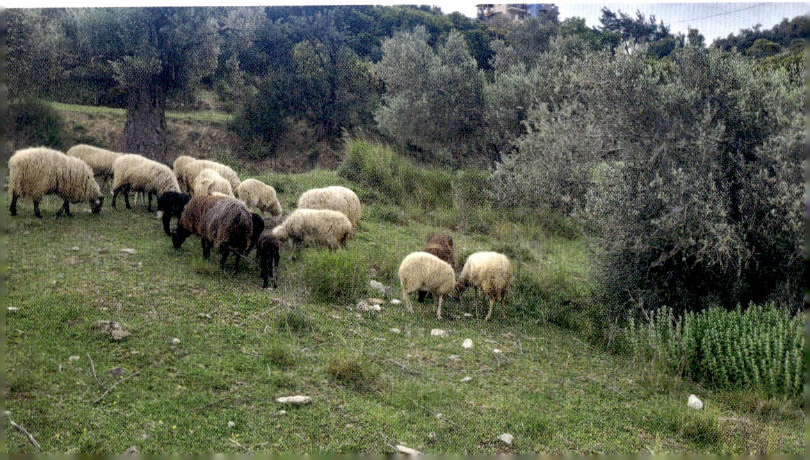

Wir starten bei der Tortuga Beach Bar in **Votsalakia** ❶ an der Bushaltestelle und folgen der Küstenstraße Richtung Westen. Nach 500 m biegen wir rechts auf einer geteerten Straße ab (Hinweisschild). Wir halten uns nach 2,5 km rechts und bleiben auf dem größeren Schotterweg, der im Tal steil nach Norden ansteigt. Nach 800 m ist das **Kloster Agia Irini** (Αγία Ειρήνη) ❷ erreicht. Der Schotterweg geht hier wieder in eine schmale Beton- bzw. Teerstraße über. Bei einer scharfen Rechtskurve zweigt der gut ausgeschilderte Weg zur **Pythagorashöhle** ❸ ab. Die Höhle liegt ca. 50 Hm oberhalb der Straße in der Felswand. Die letzten Meter zum Höhleneingang erfordern Schwindelfreiheit. Der **Rückweg** erfolgt auf dem Hinweg. Alternativ kann man auch weitere 5,2 km der Teerstraße bis Marathokambos (Μαραθόκαμπος) folgen.

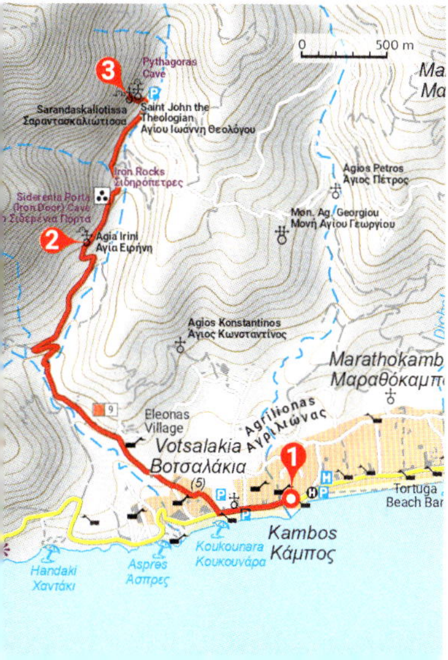

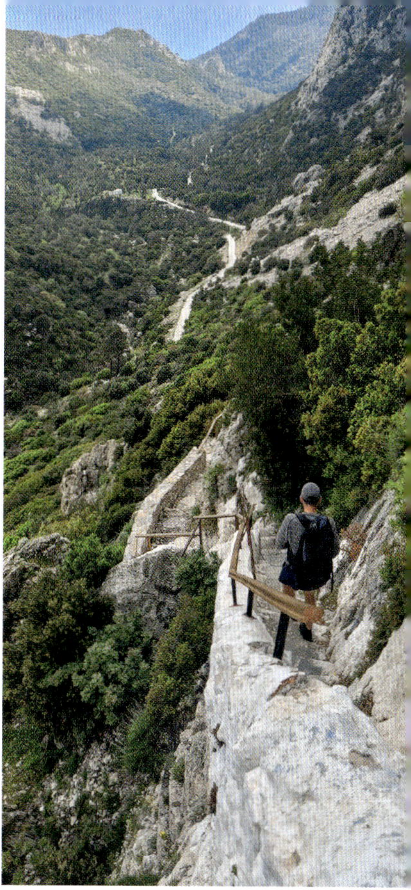

Aufstieg zur Höhle des Pythagoras.

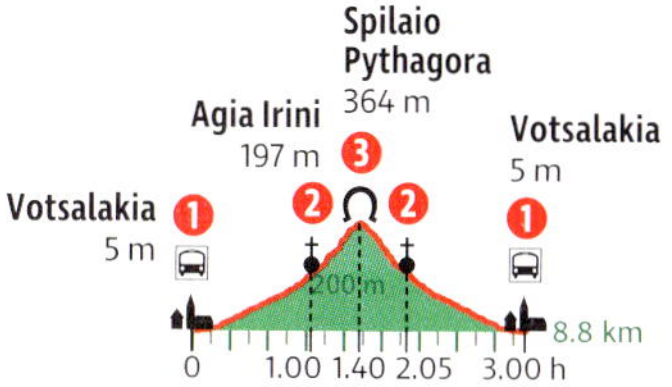

↗ 300 m | ↘ 300 m | 11.8 km

3.45 h

5 Rundtour von Agia Kyriaki

Spektakuläre Halbinseln und versteckte Strände

Versteckte Pfade und beeindruckende Aussichten erwarten uns auf dieser Wanderung von Agia Kyriaki (Αγία Κυριακή) zur Klimabucht (Παραλία κλήμα). Wir erkunden die Küstenlandschaften, nehmen die Herausforderung eines kurzzeitig weglosen Aufstiegs an und entdecken das mystische Kloster Eleimonas (Μετόχι Αγίου Ιωάννη του Ελεήμονα). Eine beeindruckende Runde, die Naturliebhaber und Kulturinteressierte gleichermaßen faszinieren wird. Schatten gibt es auf dieser Tour aufgrund von Waldbränden leider fast gar nicht mehr.

Ausgangspunkt: Agia Kyriaki (Αγία Κυριακή). Parken im Zentrum möglich. Anreise von Votsalakia (Βοτσαλάκια) auch sehr gut mit dem Fahrrad möglich.
Anforderungen: Die größte Herausforderung ist der kurze weglose Aufstieg von der Klimabucht. Ansonsten sind wir auf wenig begangenen markierten Wanderwegen oder Schotterpisten unterwegs.
Einkehr: Mehrere Restaurants in Limnionas die Taverna Limnionas ist besonders zu empfehlen. Die malerisch gelegene Kohili Taverna »End Of The World« war zum Zeitpunkt unseres Besuches geschlossen.
Baden: Erste Gelegenheit bei Limnionas (Λιμνιώνας). Weitere malerische kleine Strände zwischen Felsen folgen. Die Klimabucht (Παραλία κλήμα) ist besonders zu empfehlen. Beim kleinen Strand in der Nähe des Klosters Eleimonas (Μετόχι Αγίου Ιωάννη του Ελεήμονα) besteht die letzte Bademöglichkeit.

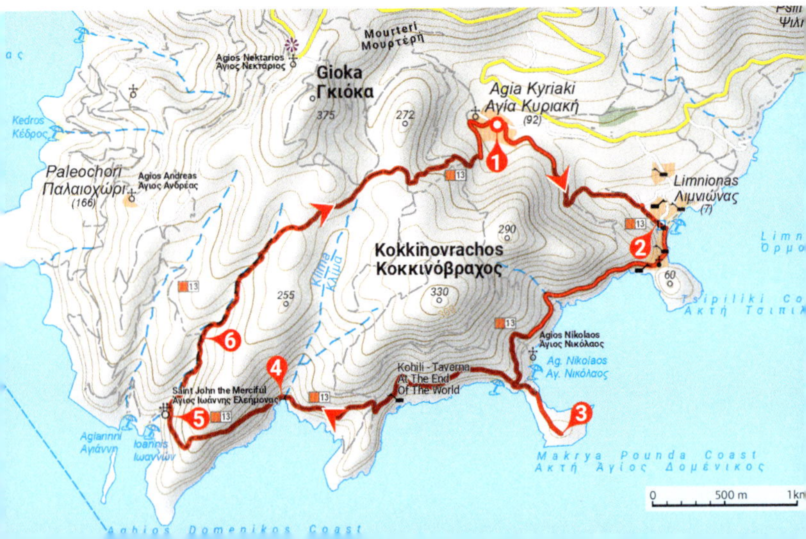

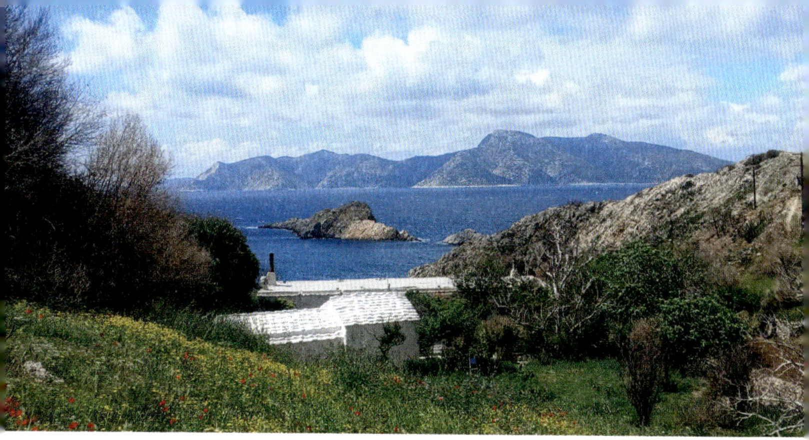

Das Kloster Eleimonas mit einer kleinen vorgelagerten Felsinsel und Fourni im Hintergrund.

Wir starten im Zentrum von **Agia Kyriaki** ①. Nach links (Süden) folgen wir einer schmalen Straße an mehreren Häusern vorbei zum Ortsrand. Der Weg steigt hier sogar leicht an, bevor es zur Küste nach **Limnionas** ② hinunter geht. Kurz vor der Küste verlassen wir den Schotterweg und folgen hundert Meter einem trockenen steinigen Bachbett. Anschließend folgen wir der Küste Richtung Westen auf einem allmählich schmaler werdenden Schotterweg. Bei der zweiten Halbinsel **Makrya Pounda** ③ (Μακρυά Πούντα) lohnt sich ein kurzer Abstecher auf Ziegenpfaden bzw. weglos bis zum höchsten Punkt. Bei der nächsten Halbinsel nehmen wir den mittleren (von drei möglichen Wegen). Bald endet der Schotterweg; bis zur **Klimabucht** ④ sind es aber nur noch wenige Meter auf einem schlecht erkennbaren Pfad. Die nächsten 500 m bis zu einem kleinen Sattel 100 m oberhalb sind anfangs gar nicht mehr markiert. Steinmänner fehlen ebenfalls. Infolge von Bränden gibt es wenig Vegetation und die Wegfindung ist somit erleichtert. Nach dem Sattel werden die roten Farbmarkierungen zahlreicher und es gibt wieder einen erkennbaren Pfad, der scharf rechts abbiegt und zum **Kloster Eleimonas** ⑤ hinunter führt. Hier verlassen wir die Küste und folgen einem Tal Richtung Nordosten. Der Weg ist etwas verwachsen, aber markiert. Nach 500 m gibt es links eine Abzweigung nach **Paleochori** ⑥ (Παλαιοχώρι/Wegweiser). Wir halten uns geradeaus; der Weg steigt weiter

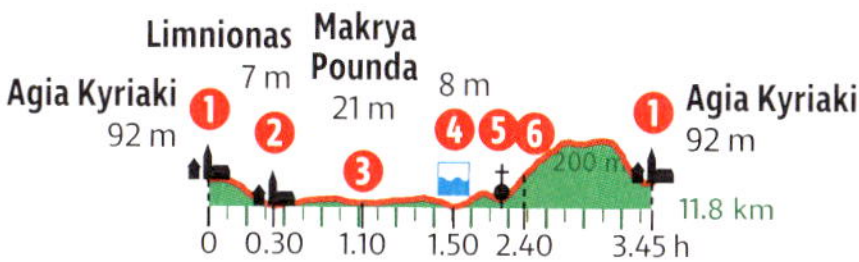

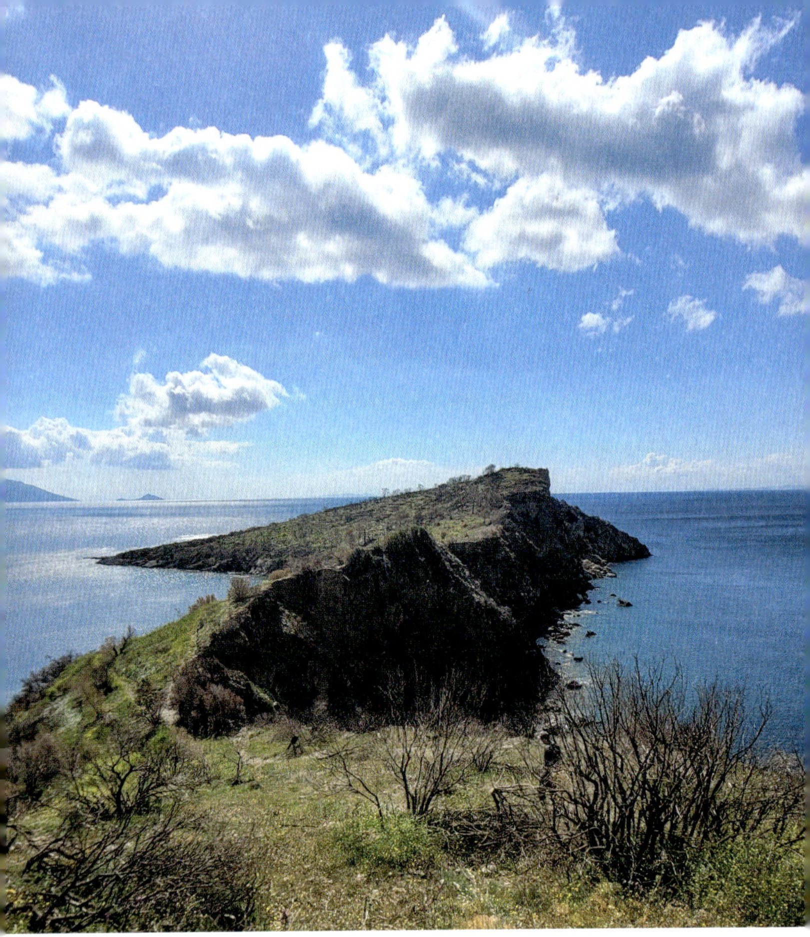

Die von Waldbränden gezeichnete Halbinsel Makrya Pounda.

gleichmäßig an und das Tal wird breiter. Wir halten uns leicht rechts und erreichen einen flachen Sattel, von dem wir weiter in Richtung eines einzelnen Hauses gehen. Hier besonders auf Markierungen (rote Punkte) achten! Nach dem Haus erreichen wir wieder einen Schotterweg, halten uns bei einer Kreuzung rechts und verlassen später den Schotterweg nach links bergab, einem Pfad durch Olivenplantagen folgend. Die letzten 500 m bis ins Zentrum von **Agia Kyriaki** 1 gehen wir wieder auf einem Fahrweg.

↗ 1200 m | ↘ 650 m | 18.6 km

7.30 h

Von Kokkari nach Mesogio

6

Überschreitung des Ambelosgebirges von Nord nach Süd

Vom lebhaften Zentrum in Kokkari (Κοκκάρι) folgen wir einem Pfad durch Gelände, indem die Spuren eines Waldbrandes noch zu erkennen sind, hinauf zu versteckten Kapellen und dem eindrucksvollen Kloster Vronta (Μονή Βροντά Σάμου). Die Herausforderung eines steilen Anstiegs auf den Gipfel des Lazarus wird mit Panoramablicken über den Ostteil von Samos belohnt. Am Ende sollten wir nicht vergessen, die Tour mit einem erfrischenden Bergtee in Mesogio (Μεσόγειο) bei Nikos abzuschließen.

Ausgangspunkt: Kokkari (Κοκκάρι). Mehrmals täglich mit dem Bus von Samos erreichbar, Abfahrt 8.30, 12.20, 14.00 und 17.00 Uhr; oder von Karlovasi (Καρλόβασι), Abfahrt 7.00, 8.30, 12.30, 15.00 und 17.00 Uhr.
Endpunkt: Mesogio (Μεσόγειο). Kein Busverkehr. Trampen gut möglich.
Anforderungen: Konditionell anspruchsvolle Tour auf markierten Wanderwegen. Der Gipfelanstieg zum Lazarus (Λάζαρος) ist steil, aber nicht ausgesetzt, und erfordert Trittsicherheit.
Einkehr: In Kokkari, im Zentrum von Vourliotes (Βουρλιώτες) und am Endpunkt.
Baden: Am Beginn in Kokkari bieten sich sehr attraktive Strände.

Wir laufen vom Zentrum in **Kokkaris** ❶ bis zum westlichen Ortsende und überqueren hier die Hauptstraße. Hier startet der gut beschilderte und markierte Wanderweg 22. Nach 200 m biegen wir rechts auf einen Fahrweg ab. Wenig später bietet sich ein kurzer Abstecher zur Kapelle Agios Ioannis Prodromos an. Leider wurde die Gegend 2021 von Waldbränden heimgesucht, von denen sich die Natur noch nicht erholt hat. Der Fahrweg endet nun, und kurz müssen wir nach Markierungen suchen. Wir überqueren einen weiteren Fahrweg und bleiben dann immer auf dem alten Fußweg nach Vourliotes, der in angenehmer Steigung bis zur Teerstraße knapp unterhalb von **Vourliotes** ❷ führt. Nach wenigen Metern auf der Teerstraße biegen wir links ab (Hinweisschild, weiterhin Weg Nr. 22). Durch Weingärten gehen wir eben oder leicht ansteigend auf Fußwegen und später auf einem schmalen Wirtschaftsweg weiter. Nach 1,5 km erreichen wir einen Wegweiser und biegen hier links auf einem Fußweg durch vom Waldbrand gezeichnetes Gelände ab (Weg Nr. 23). Bald ist das **Kloster Vronta** ❸ erreicht. Weiter ansteigend auf Fußwegen erreichen wir terrassierte Weinberge. Hier zweigt der Weg Nr. 25 A rechts ab (Hinweisschild). Wir halten uns links und erreichen

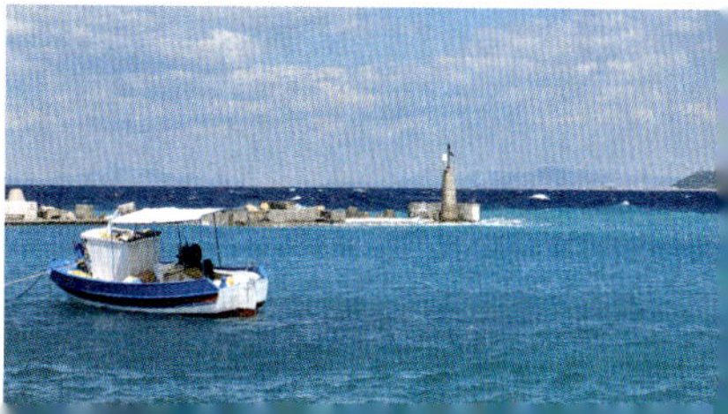

Fischerhafen von Kokkari.

nach 100 m eine Schotterstraße, der wir zunächst bergan folgen. Nach 500 m biegen wir links ab und kürzen so eine Serpentine ab. Nach weiteren 300 m auf dem Schotterweg biegen wir wieder links auf einem Fußweg ab und erreichen einen Forstweg knapp unterhalb des Sattels. Der Anstieg auf den Gipfel des **Lazarus** (Λάζαρος) 4 ist unbedingt zu empfehlen. Der steinige, recht steile Weg verlangt vor allem beim Abstieg Trittsicherheit. Nach dem Abstecher auf den Gipfel folgen wir kurz der Forststraße Richtung Westen und steigen dann auf einem Fußweg (Hinweisschild bei der Abzweigung) weiter an. Hier sollte aufmerksam auf rote Punkte und Steinmänner geachtet werden. Auf den letzten 500 m vor dem Gipfel sind im steinigen, aber nicht steilen Gelände kaum noch Wegspuren auszumachen. Am Gipfel des **Karvouni** (Καρβούνι) 5, 1160 m, treffen wir nicht nur auf die Kapelle Profitis Ilias (Προφήτης Ηλίας), sondern auch auf einen Schotterweg, dem wir 2,6 km abwärts folgen. Unter uns im Süden ist schon unser Ziel, das Dorf **Pandroso** (Πανδρόσο) 6, zu sehen. Der alte Weg wurde ausgeschnitten, ist aber mittlerweile teilweise schon wieder von Ginsterbüschen zugewachsen. In Serpentinen verlieren wir an Höhe, überqueren bei einem Gehöft einen Zufahrtsweg und erreichen dann den Ort, den wir durchqueren. Die Abreise kann von hier per Taxi oder Anhalter erfolgen. Es lohnt sich auch, noch weitere 800 m der Teerstraße bis ins Nachbardorf **Mesogio** 7 zu folgen und hier bei Nikos einen Bergtee zu trinken.

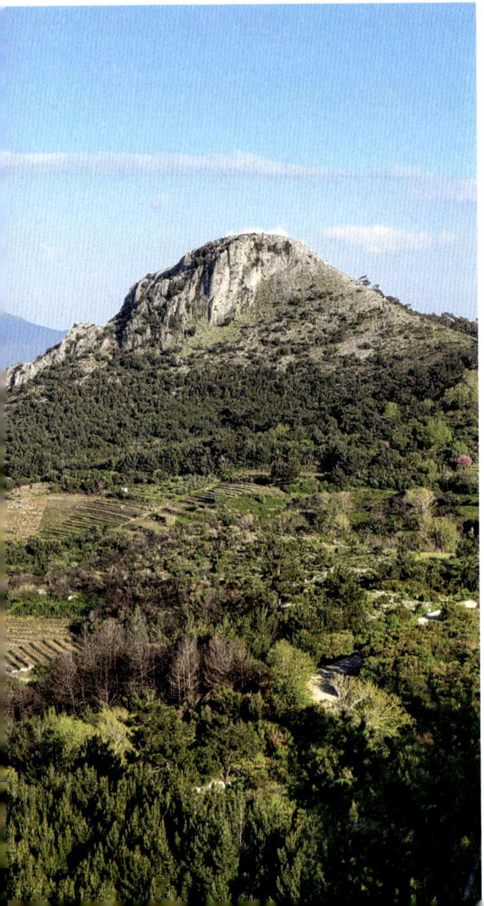

Felsgipfel neben dem Lazarus. Links im Hintergrund sind bereits die Berge auf dem türkischen Festland (Dilek-Halbinsel) zu sehen.

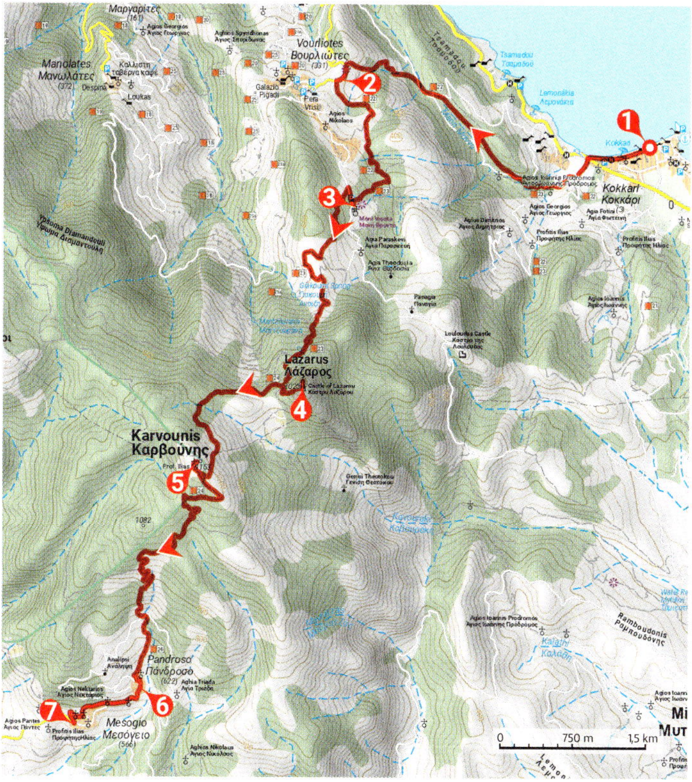
Μαργαρίτες
(161)
Manolates
Μανωλάτες
(372)
Vourliotes
Βουρλιώτες
(331)
Kokkari
Κοκκάρι
Lazarus
Λάζαρος
Karvounis
Καρβούνης
1082
Pandroso
Πάνδροσο
(622)
Mesogio
Μεσόγειο
(566)
1
2
3
4
5
6
7
0
750 m
1,5 km

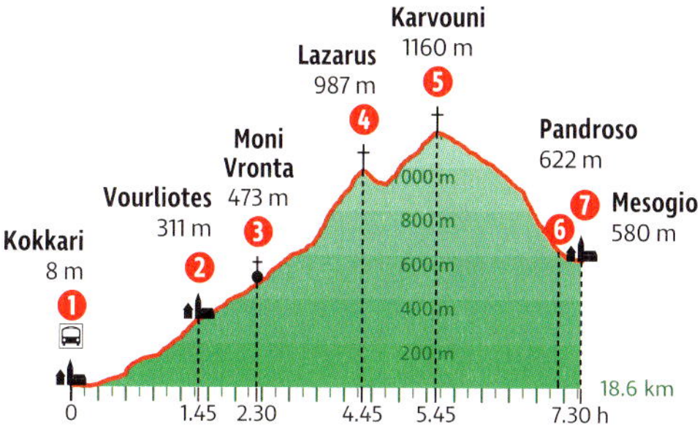
Kokkari
8 m
Vourliotes
311 m
Moni
Vronta
473 m
Lazarus
987 m
Karvouni
1160 m
Pandroso
622 m
Mesogio
580 m
1
2
3
4
5
6
7
1000 m
800 m
600 m
400 m
200 m
18.6 km
0
1.45
2.30
4.45
5.45
7.30 h

↗ 240 m | ↘ 240 m | 5.6 km

7 Rundtour durch das antike Pythagorio

2.00 h

Zeugnisse der Geschichte auf dem Hausberg von Pythagorio

Vom malerischen Hafen von Pythagorio (Πυθαγόρειο) wandern wir auf historischen Pfaden zu alten Stadtmauern und einem Gipfel. Der atemberaubende Blick auf Pythagorio und die türkische Küste belohnen Ihre Anstrengungen. Weiter auf kaum sichtbaren Pfaden, vorbei an einer Ziegengrotte, steuern wir das Kloster Spiliani an. Der Name »Spiliani« bedeutet »Höhle« auf Griechisch, und tatsächlich befindet sich das Kloster in einer natürlichen Höhle. Im Inneren der Höhle befindet sich eine kleine Kirche, die der Jungfrau Maria gewidmet ist. Das Kloster Spiliani hat auch eine besondere historische Bedeutung. Es wird angenommen, dass der Ort ursprünglich ein antiker Tempel der Göttin Hera war. Der aktuelle Komplex wurde jedoch im 16. Jahrhundert errichtet und im Laufe der Jahrhunderte mehrmals renoviert.

Ausgangspunkt: Zentrum von Pythagorio (Πυθαγόρειο). Anreise per Bus, Auto oder Taxi.
Anforderungen: Bis kurz vor dem Kloster Spiliani trotz des Anstiegs leichte Wanderung. Danach schwierige Wegfindung.
Einkehr: Vielfältiges Angebot in Pythagorio, dem touristischen Zentrum von Samos. Besonders zu empfehlen ist die Crêperie gegenüber der Bushaltestelle.
Baden: Direkt neben dem Hafen von Pythagorio am Start- und Endpunkt.
Hinweis: Wir befinden uns auf dem Gebiet des antiken Pythagorio. Die Stadt wurde in der Antike als »Samos« bezeichnet und war eine bedeutende Seemacht, die im 6. Jahrhundert v. Chr. ihre Blütezeit erlebte. 1992 wurde der Ort ins UNESCO-Weltkulturerbe aufgenommen.
Variante: Vom Kloster Spiliani direkt auf der Zufahrtsstraße bergab und dann auf dem Hinweg zurück nach Pythagorio.

Wir starten am Hafen von **Pythagorio** ❶ und gehen auf der Hauptstraße (ab 13 Uhr ist die Straße für den motorisierten Verkehr gesperrt). Bei der zweiten Straße (»Efpalinou«) biegen wir rechts ab. Wir überqueren die Hauptstraße nach Samos Stadt (Vathy) und folgen dem Wegweiser »Eupalinos Tunnel«. Nach einer scharfen Linkskurve, an der wir auf dem Rückweg wieder die Straße erreichen werden, folgen wir der Teerstraße Richtung Westen, ignorieren die rechts zum Spiliani-Kloster führende Straße und biegen erst 400 m später auf einem Pfad rechts (rote Markierungen) ab. Der Pfad steigt recht steil in Richtung eines Wehrturms an. Wir erreichen einen Fahrweg, biegen aber gleich wieder rechts ab und passieren die Reste der Stadtmauern von Pythagorio. Anschließend erreichen wir wieder einen Fahrweg, biegen hier abermals rechts ab, um den **höchsten Punkt** zu erreichen, der mit einer **Betonsäule** ❷ markiert ist. Der Ausblick auf

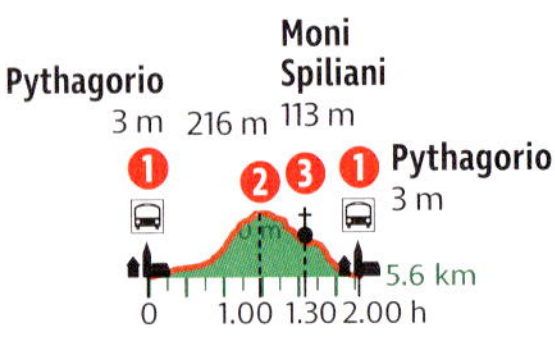

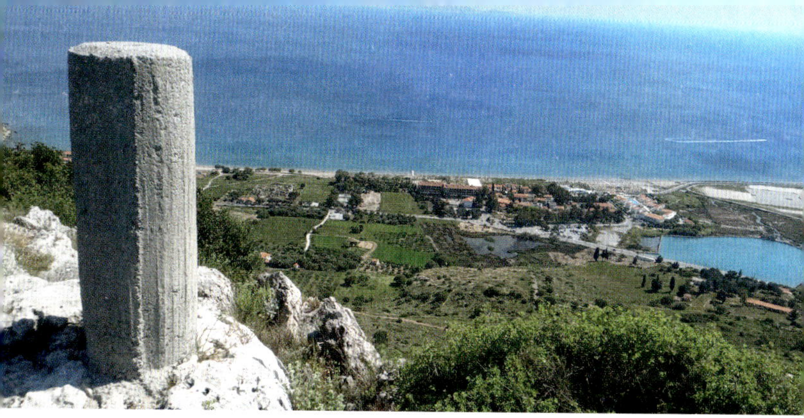

Blick vom Gipfel des Eupalinusberges. Am Horizont ist die Insel Agathonisi zu erkennen.

Pythagorio und die türkische Küste entlohnt für diesen kurzen Umweg. Wir gehen wenige Meter zum Fahrweg zurück und folgen diesem 600 m. Hier biegen wir auf einem schmalen Pfad (rote Markierungen) rechts ab, erreichen bald eine Grotte. Danach verzweigt sich der Pfad und wir halten uns rechts (Steinmänner). Unter uns ist bereits das **Kloster Spiliani** 3 zu sehen. Der Pfad wird jetzt undeutlich und es fehlen Markierungen. Wir steigen nicht direkt, sondern rechts vom Kloster ab und erreichen die Zufahrtsstraße unmittelbar vor dem Kloster. Nach der Besichtigung gehen wir wieder zur Abzweigung ca. 50 Hm oberhalb des Klosters zurück. Der Pfad wird zunehmend unscheinbarer. Trotzdem gibt es rote Markierungen und nach 500 m erreichen wir die Zufahrtsstraße zum Eupalinustunnel, die wir schon vom Hinweg kennen. Auf dieser kehren wir zum **Ausgangspunkt** 1 zurück.

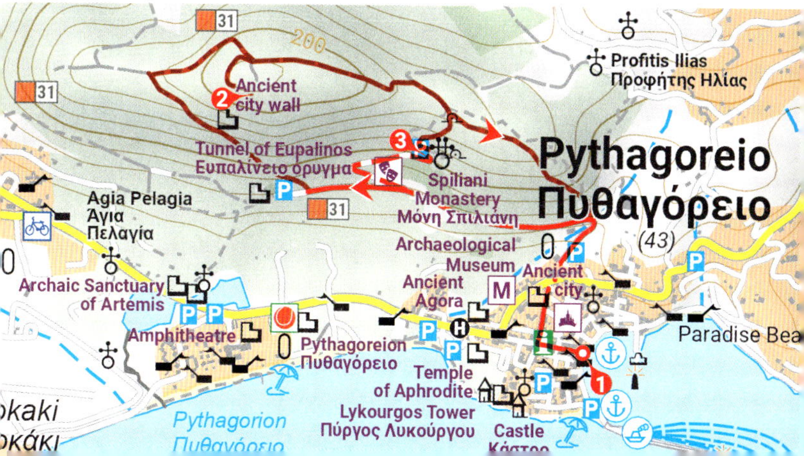

↗ 10 m | ↘ 10 m | 8.9 km

2.30 h

8 Von Pythagorio nach Ireo

Flache Küstenwanderung in der Tigani Bucht

Wir entdecken die historische Küste von Pythagorio (Πυθαγόρειο) bei dieser Wanderung, die wir am ältesten Hafen des Mittelmeers beginnen. Wir lauschen den Gitarrenklängen von George im Hotel Tarsanas, bevor wir uns auf den Weg zur »Blauen Straße« machen (Vorsicht, das Gespräch mit George könnte länger als die gesamte Wanderung dauern!). Kriegsbunker und die beeindruckenden Ruinen des Heratempels erwarten uns unterwegs. Am Ende erreichen wir Ireo (Ηραίο), einen perfekten Ort für eine entspannte Einkehr. Diese leichte Wanderung ist ideal für Wanderer und Radfahrer, die Badeurlaub mit einer Entdeckungstour durch die jahrtausendealte Geschichte von Samos kombinieren möchten.

Ausgangspunkt: Pythagorio (Πυθαγόρειο). Anreise mit dem Bus von Samos Stadt bzw. Vathy): Abfahrt 6.15, 8.00, 10.00, 12.45, 14, 16.00, 17.00 Uhr.
Endpunkt: Ireo (Ηραίο). Von Ireo fährt ein Bus um 15 Uhr zurück nach Pythagorio und Samos Stadt bzw. Vathy).
Anforderungen: Gering. Es handelt sich um die einfachste Tour in diesem Wanderführer. Etwas fordernder, wenn man direkt am Strand wandert.
Einkehr: Am Start und Ziel. Unterwegs ebenfalls möglich. Unsere Empfehlung: das frei zugängliche Restaurant Almyra im FAB Resort, fabresort.gr/en.
Baden: Jederzeit. Besonders schön im Schatten von Tamarisken in der Nähe des Bunkers.
Hinweis: Der Heratempel (Αρχαιολογικός Χώρος) wurde im ionischen Stil erbaut und war damals ein architektonisches Meisterwerk. Mit seinen Abmessungen von 108 m Länge und 55 m Breite war er einer der größten Tempel des antiken Griechenlands. Obwohl der Tempel mehrfach zerstört (besonders stark durch ein Erdbeben im 2. Jahrhundert n. Chr.) und wiederaufgebaut wurde, sind einige seiner Elemente bis heute erhalten geblieben. Das auffälligste ist eine einzelne, stehende Säule, die als das Wahrzeichen des Heraions bekannt ist.

Wir starten am **Hafen** von **Pythagorio** ❶, dem ältesten Hafen im Mittelmeer. Wir passieren das Hotel Tarsanas – vielleicht treffen wir hier auf George, der gerade Gitarre spielt. Direkt an der Küste können wir hier wegen der Felsen nicht weitergehen. Wir halten uns parallel zur Küste und erreichen die **»Blaue Straße«** ❷. Hier müssen wir nach rechts abbiegen, erreichen dann die Kirche Sotinos und über Treppen den Turm Lycurus mit Museum. Von hier führt ein kurzer Fußweg oberhalb der Klippen zum Parkplatz. Man kann schon den gesamten Verlauf der Wanderung bis nach Ireo überblicken. Ein kleiner Felsen am Strand kann problemlos umgangen oder überklettert werden; dann erstreckt sich die

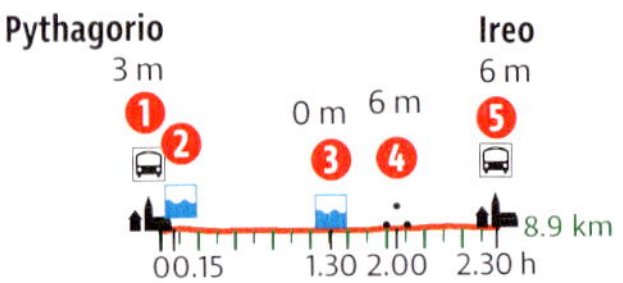

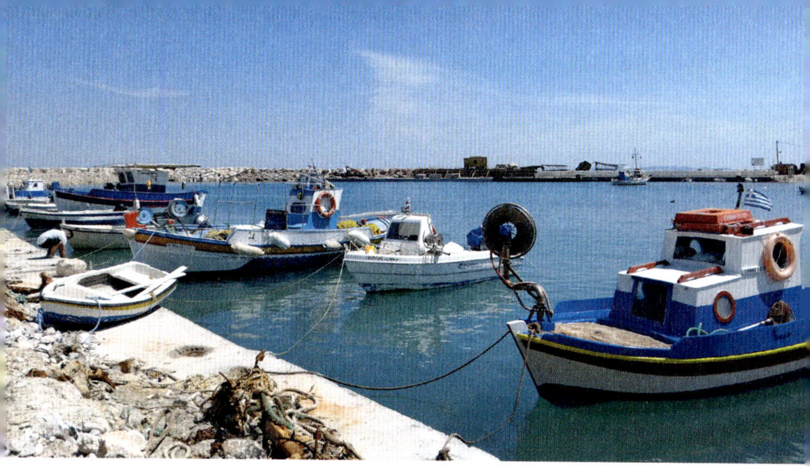

Hafen von Ireo.

Küste flach bis zum Ziel. Entweder direkt am Strand oder auf der parallel verlaufenden zunächst geteerten, später als Radweg ausgewiesenen und am Ende als Schotterweg zu klassifizierenden Verbindung erreichen wir nach einigen **Bunkern** ❸ aus dem Zweiten Weltkrieg die Ruinen des **Heratempels** ❹. und folgen nach deren Besichtigung dem Pfad weiter nach links Richtung Ireo. Dabei müssen wir jetzt einen Kilometer der Teerstraße durch Orangenplantagen folgen und an der Kreuzung links abbiegen und noch mal 1.3 km auf der Teerstraße bis ins Zentrum von **Ireo** ❺ zurücklegen. Hier bieten sich mehrere Tavernen zur Rast an. Die Tour ist auch sehr gut als Radtour geeignet. In diesem Fall erfolgt die Rückfahrt auf der wenig befahrenen Hauptstraße am Flughafen vorbei.

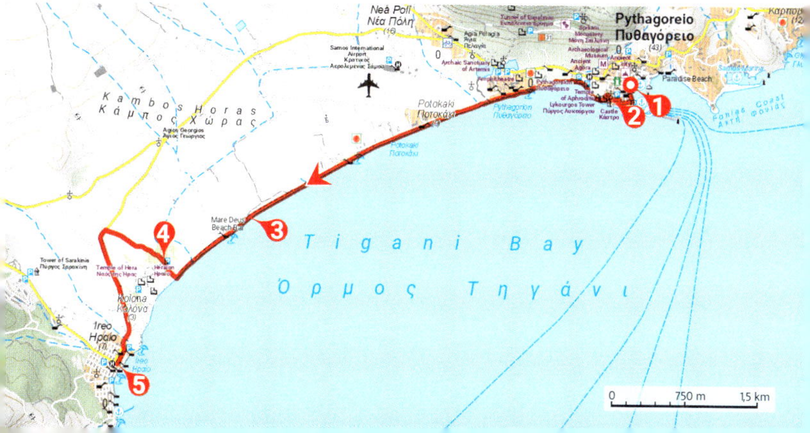

↗ 250 m | ↘ 250 m | 6.3 km

2.30 h

9 Von Karlovasi nach Potami

Abwechslungsreiche Küste mit Kapellen und einer beliebten Klamm bei Potami

Starten Sie in Karlovasi zu einer Wanderung, die Sie zu den historischen und natürlichen Highlights der Region führt. Die Route beginnt mit einem Aufstieg zur Agia Triada, hoch über der Stadt, und setzt sich fort zu malerischen Kirchen und einer kleinen Höhle. Entlang eines Baches erreichen Sie eine Klamm, die zu einer optionalen Erkundungstour einlädt. Nach einem anspruchsvollen Abstieg endet die Tour am Potami Strand, ideal um den Tag entspannt ausklingen zu lassen. Eine vielseitige Tour, die historische Sehenswürdigkeiten mit natürlicher Schönheit verbindet.

Ausgangspunkt: Karlovasi (Καρλόβασι). Anreise mit dem Bus von Samos Stadt (Vathy): Abfahrt 8.30, 12.20, 14.00 und 17.00 Uhr. Parkmöglichkeiten gibt es am Startpunkt.
Endpunkt: Potami (Ποτάμι). Zurück kommt man per Anhalter oder Taxi.
Anforderungen: Leichte Wanderung mit einigen kurzen, steilen Anstiegen auf durchgehend sehr gut markierten Wegen. Die schmale Treppe zum Restaurant Archontissa könnte für Ungeübte ein unüberwindbares Hindernis darstellen.
Einkehr: Café Del Mundo, (cafebardelmundo.business.site) in Potami. Das spektakulär gelegene Restaurant Archontissa eignet sich natürlich auch für eine Einkehr. Am Hafen von Karlovasi gibt es mehrere Cafés und Restaurants.
Baden: Die erste Möglichkeit besteht neben dem Hafen von Karlovasi. Zu empfehlen sind das Baden oder sogar die Durchquerung der Klamm. Am Ende bietet die Bucht von Potami einen fantastischen Strand.

Wir starten am Parkplatz am Hafen von **Karlovasi** ❶. Das erste Etappenziel, die Agia Triada (Αγία Τριάδα), thront auf einem Hügel über uns. Wir wenden uns kurz Richtung Osten (Karlovasi) und biegen gleich bei der zweiten Straße rechts ab. Am Ende der Straße beginnt ein kurzer Fußweg mit Treppen nach Paleo Karlovasi (Παλαιό Καρλόβασι), Hinweisschild »Ag. Triada«. Im Ort wenden wir uns nach rechts zum höchsten Punkt der **Agia Triada** ❷. Ein Stück geht es wieder zurück. Jetzt befinden wir uns auf der gut markierten Wanderroute 4. Wir passieren ein Café, dann die Kirche Isidoros und anschließend die in einer Felsnische platzierte Kapelle **Agioi Anargyroi** ❸. Wenig später folgt der Abzweig zur sehr lohnenden Antonius-Höhle. Wieder zurück geht es auf dem weiterhin sehr gut markierten Weg mit viel Schatten weiter. Jetzt geht es kurzzeitig durch ein Waldbrandgebiet aus dem Jahr 2000. Mittlerweile hat sich die Ve-

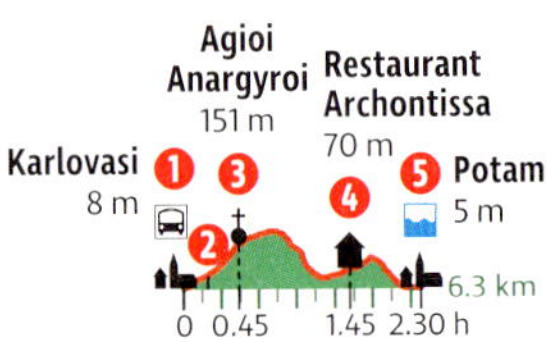

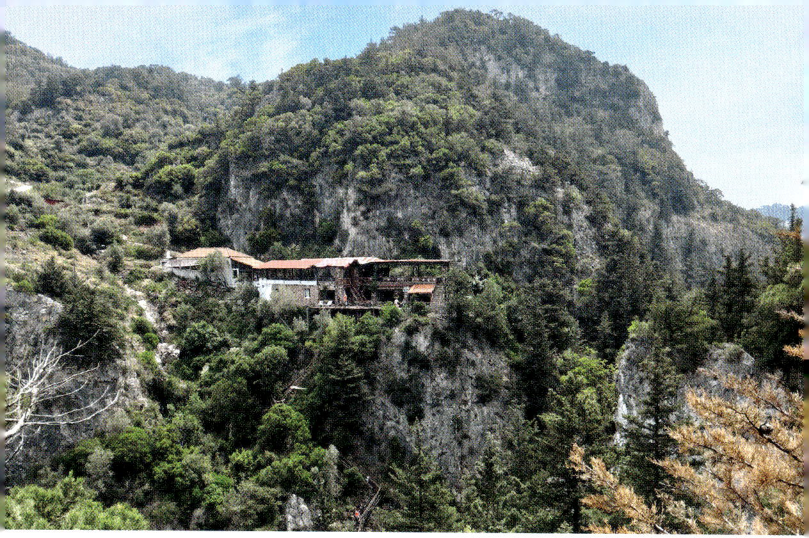

Das Restaurant Archontissa thront über der Potami-Klamm.

getation mit hohem Ginster aber wieder erholt. Der Wanderweg mündet in einen Fahrweg, in den wir links einbiegen. Dieser wird dann noch einmal nach links verlassen. Der Abzweig ist aufgrund der guten Markierung nicht zu übersehen. Wir erreichen die Hauptstraße in Potami. Rechts geht es zum Café Del Mundo. Wir halten uns links und biegen gleich wieder links zu den Wasserfällen ab (mehrere Hinweisschilder). Dieser Weg ist sehr beliebt – der schattige Weg am Bach entlang lockt Touristen von der ganzen Insel an. Bald ist der Beginn der Klamm erreicht. Links geht es steil über eine abenteuerliche schmale Holztreppe zum **Restaurant Archontissa** 4. Von dort geht es steil wieder hinunter in die Klamm. Man erreicht den Bach nur wenige Meter oberhalb des Klammbeginns. Von hier werden Touren durch die kurze Klamm mit zwei Wasserfällen angeboten. Wir gehen wieder zum Klammeingang zurück und steigen auf der orografisch linken Seite des Baches kurz steil zu einem Schotterweg an. Der Weg ist mit der Nr. 2 markiert. Auf dem Schotterweg biegen wir rechts ab und bald wieder nach rechts auf einen Wanderweg (Hinweisschild), von wo es steil hinunter nach **Potami** 5 geht.

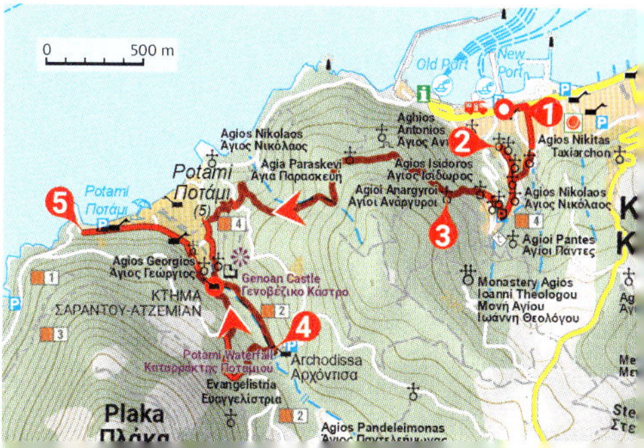

↗ 850 m | ↘ 850 m | 21.3 km

10 Nach Lekka, Kastania und Kosmadei

7.30 h

Lange Rundtour zu den Bergdörfern Lekka, Kastania und Kosmadei

Von malerischen Dörfern über faszinierende Landschaften bis hin zu beeindruckenden Panoramablicken – diese anspruchsvolle Wanderung ab dem Strand von Potami (Ποτάμι) bietet alles. Wir starten gemütlich auf Schotterwegen, bevor wir uns auf gut markierten Wanderwegen durch schattigen Wald und landwirtschaftlich genutzte Flächen begeben. Eine Herausforderung erwartet uns (optional) beim weglosen Aufstieg zum Gipfel des Kastri (Καστρί), bevor wir die Wanderung in Kosmadei (Κοσμαδαίοι) fortsetzen. Von Nikoloudes (Νικολούδες), bekannt durch eine riesige Platane, führt uns die letzte Etappe der Wanderung zum Gipfel des Plaka und anschließend zum Ausgangspunkt, dem Strand von Potami.

Ausgangspunkt: Potami (Ποτάμι). Mit dem Auto, Fahrrad oder per Anhalter.
Anforderungen: Konditionell anspruchsvolle Rundwanderung auf gut markierten Wanderwegen. Abkürzungen sind aber möglich. Die zwei kurzen Abstecher zu den Gipfeln sind jeweils weglos.

Einkehr: In jedem Bergdorf möglich. Besonders ist das Restaurant Drosiá am Dorfplatz von Lekka (Λέκκα) zu empfehlen.
Baden: Nur am Start bzw. Ziel in Potami.
Variante: Start in Kastania (Καστανιά), weiter über Kosmadei (Κοσμαδαίοι) und Ziel in Potami.

Wir starten am westlichen Ende des **Strandes** von **Potami** ❶. Ein Stück folgen wir der steilen Betonstraße Richtung Westen bergan. Nach 400 m biegen wir auf der Betonstraße links ab. Wir folgen dem jetzt nur noch leicht ansteigenden Schotterweg 1,3 km. Ab hier ist der Weg mit der Nr. 2 markiert. Nach weiteren 600 m ist der Beginn von **Tsoulei** ❷ (Τσουρλαίοι) erreicht. Es handelt sich um eine Ansiedlung mit wenigen Häusern. Kurz vor dem Ortsende biegen wir nach rechts auf einen alten Verbindungsweg ab. Nach wenigen Metern ist der markierte Wanderweg 3 erreicht. Wir biegen links auf diesem Weg ab. Der Weg steigt im Wald relativ steil an. Schon nach 400 m ist der Anstieg beendet, denn wir biegen bei einer Kreuzung (Hin-

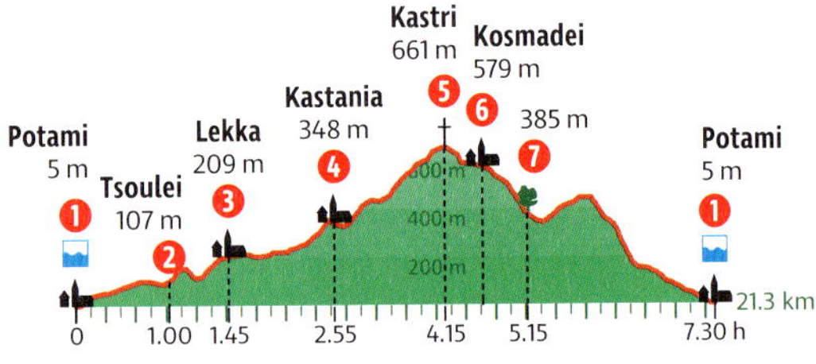

weisschilder) links auf den Weg Nr. 5 Richtung Leka ab. Es geht erst bergab bis zum Bach und anschließend wieder recht steil bergan bis nach Leka. Der Weg ist dabei zu Beginn teilweise etwas zugewachsen; es gibt aber trotzdem ausreichend Markierungen. Der Anstieg nach Leka verläuft dann wieder auf einem wenig genutzten Fahrweg. Es lohnt sich, einen Abstecher ins Zentrum von **Lekka** 3 zu machen. Der Dorfplatz bietet Ausblicke nach Karlovasi, viel Schatten und gute Restaurants. Wir gehen wieder zurück zum Ortseingang von Leka und folgen den Wanderwegmarkierungen Nr. 5 auf einem Fahrweg durch landwirtschaftlich genutzte Flächen. Wir erreichen die frisch geteerte Straße nach Kosmadei und folgen der Straße kurz bis zur Brücke über den Bach. Hier biegt der Wanderweg links ab (Hinweisschild). Wir folgen dem Bach und biegen dann (etwas versteckt, aber markiert) links ab. Es geht dann recht steil bergan und kurz vor Kastania verliert sich der Pfad. Hier auf den Terrassen kurz links halten (Richtung Ort) und bald sehen wir wieder Markierungen und erreichen **Kastania** 4. Ein kurzer Abstecher in den Ort und zum Kriegsmahnmal ist lohnend. Weiter geht es rechts auf einem Fahrweg. Bald zweigt der Weg links ab (gut markiert)

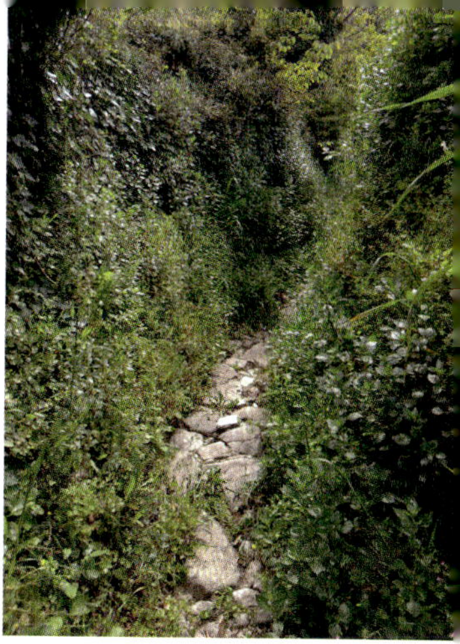

Weg von Kastania zum Kriegsmahnmal.

Tiefblick auf den Strand von Potami.

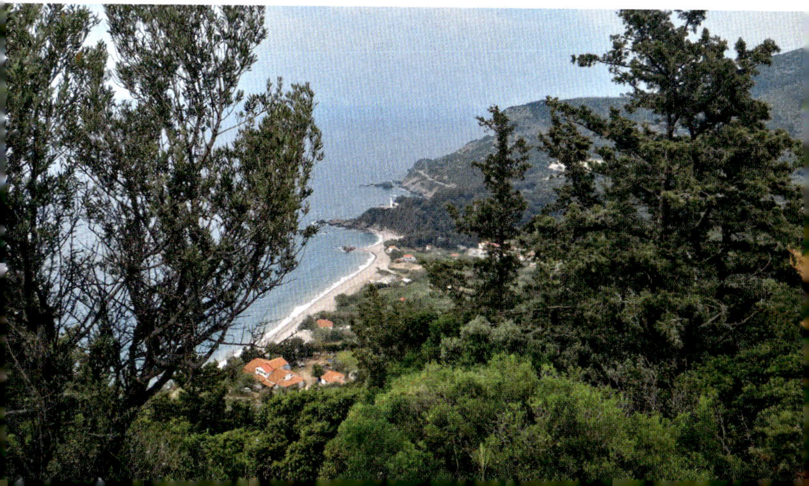

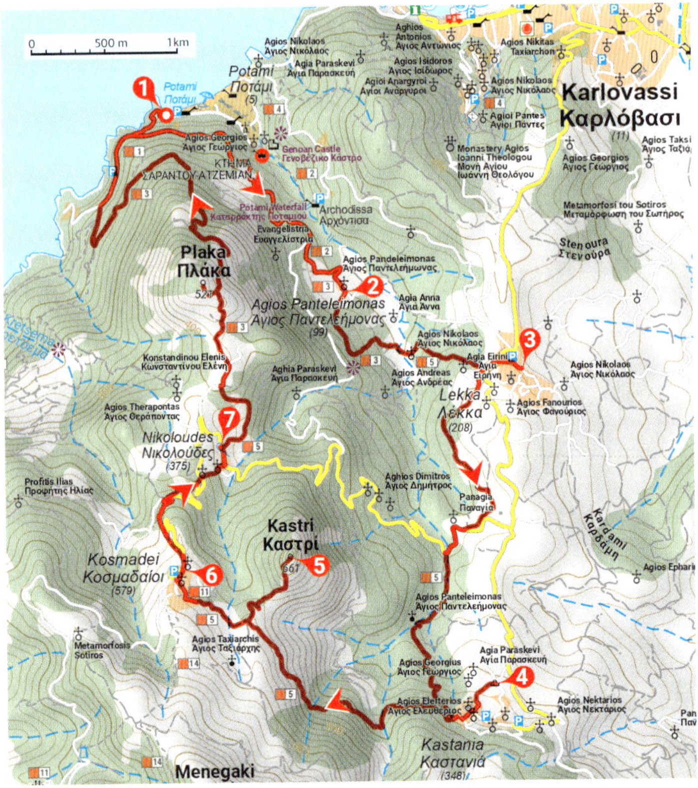

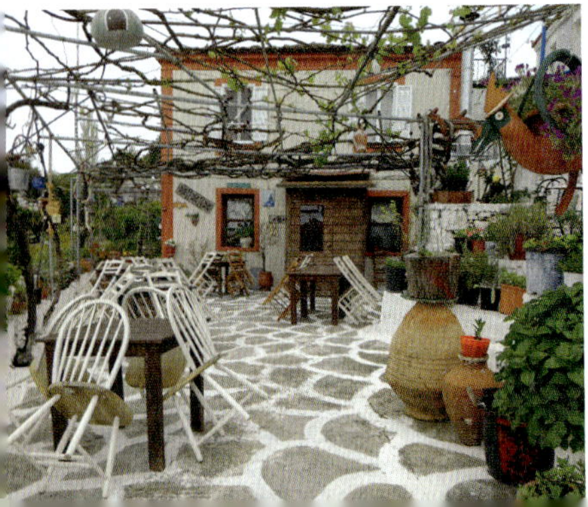

und der Wanderweg steigt durch felsiges Gelände weiter an. Wir erreichen auf einem Höhenrücken eine Fahrstraße und folgen dieser nur kurz. Hier ist ein Abstecher nach rechts zum Gipfel des **Kastri** 5, 661 m, möglich. Bald biegt der Weg links in den Ort ab (auf Markierung achten). Am Ortsausgang von **Kosmadei** 6 nehmen

Café in Kosmadei.

wir den ersten Abzweig nach links und kürzen somit ein paar Serpentinen der neuen Straße ab. Der alte Verbindungsweg ist teilweise etwas zugewachsen und verläuft zunächst immer links der neuen Straße. Ganz kurze Abschnitte werden auf der neuen Straße zurückgelegt. Markierungen weisen auf den Abzweig hin. Kurz vor **Nikoloudes** (Νικολούδες) wird die Straße einmal überquert und eine Kirche erreicht. Über die Treppen (Zugangsweg zur Kirche) erreichen wir den Ort und biegen hier links ab. Am Ortsende zweigt der Wanderweg bei einer beeindruckenden riesigen **Platane** 7 rechts ab. Der markierte Wanderweg 5 biegt bald rechts ab. Wir folgen aber dem Fahrweg, biegen bei der ersten Kreuzung scharf rechts und dann gleich wieder links ab. Jetzt befinden wir uns auf dem Wanderweg 3. Auf einem Fahrweg und später auf einem relativ steil ansteigenden Wanderweg erreichen wir den höchsten Punkt des Steiges. Hier lohnt es sich, auf einem Pfad (vereinzelt Steinmänner) links abzubiegen, um in wenigen Minuten den Gipfel des **Plaka** (Πλάκα) zu erreichen.
Zurück auf dem Wanderweg verlieren wir zunächst nur wenig an Höhe und der Weg ist teilweise vom Ginster zugewachsen. Nach einem kurzen Stück auf einem Fahrweg geht es steil hinunter. An einer besonders steilen Stelle hilft ein Seil beim Abstieg. An einer Kreuzung halten wir uns links. Der Wanderweg steigt noch mal leicht an, bevor es wieder bergab geht und der Weg scharf rechts abbiegt. Dann folgen wir dem Fahrweg bzw. der Betonstraße Richtung Westen (links) und erreichen bald den Abzweig, den wir bereits vom Hinweg kennen, und kehren zum **Ausgangspunkt** 1 zurück.

Blick vom Gipfel des Kastri.

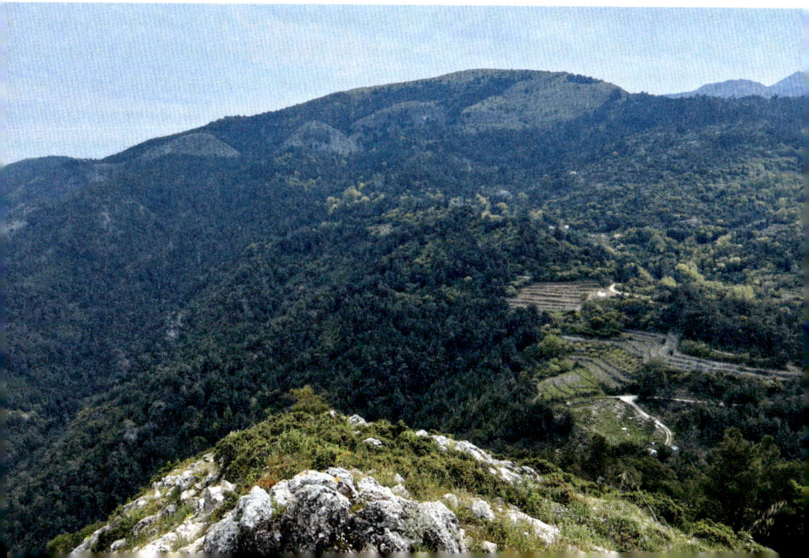

↗ 10 m | ↘ 170 m | 4.7 km

11 Von Koumeika nach Ormos Marathokampos

1.30 h

Vom Bergdorf Koumeika zur Küste

Wir starten am idyllischen Dorfplatz von Koumeika (Κουμέικα) und schlendern durch die Gassen des malerischen Dorfes. Der Weg führt uns zu einer kleinen Kapelle, die perfekt in die raue Küstenlandschaft eingebettet ist. Doch die Wanderung ist noch nicht zu Ende. Es folgt ein lohnender Spaziergang mit Badepausen am Kiesstrand. Bei der Ankunft in Ormos Marathokampos (Όρμος Μαραθοκάμπου) bietet sich eine Einkehr an. Anschließend könnten Sie die Wanderung noch bis Votsalakia verlängern.

Ausgangspunkt: Koumeika (Κουμέικα). Anreise mit dem Taxi; per Anhalter schwierig, keine Busverbindung.
Endpunkt: Ormos Marathokampos (Όρμος Μαραθοκάμπου). Rückkehr per Anhalter oder Taxi.
Anforderungen: Leichte Wanderung auf Schotterpisten. Am Ende kann man zwischen dem Strand und einem parallel verlaufenden Fahrweg wählen.

Einkehr: Pizza Cave, pizza-cave.business.site.
Baden: Auf den letzten zwei Kilometern kann jederzeit gebadet werden.

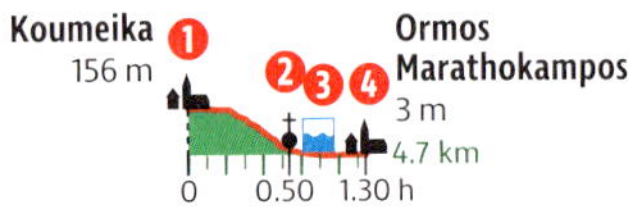

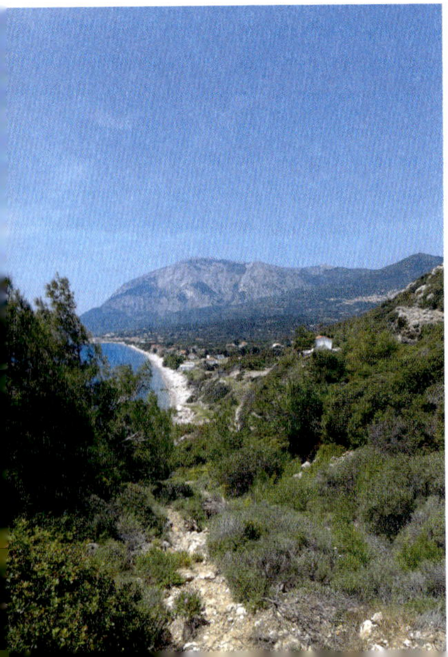

Am schattigen Dorfplatz von **Koumeika** ❶ beginnt unsere Wanderung. Wir wandern in westlicher Richtung durch den Ort und überqueren am Ortsrand die Hauptstraße. Auf einem Schotterweg geht es anfangs leicht, später steiler abwärts, bis die Verbindungsstraße zwischen Koumeika und Ormos Marathokampos erreicht ist. Wir folgen der Straße 100 m Richtung Westen (nach rechts) und biegen dann links auf einen Fahrweg ab. Nach einem Haus wird der Weg grobschottriger und fällt dann recht steil zum Meer ab. Wir halten uns knapp oberhalb der Küste und steigen über Stufen zur malerisch gelegenen **Kapelle** ❷

Blick auf die Küste des Marathokambosgolfes und den Kerkis im Hintergrund.

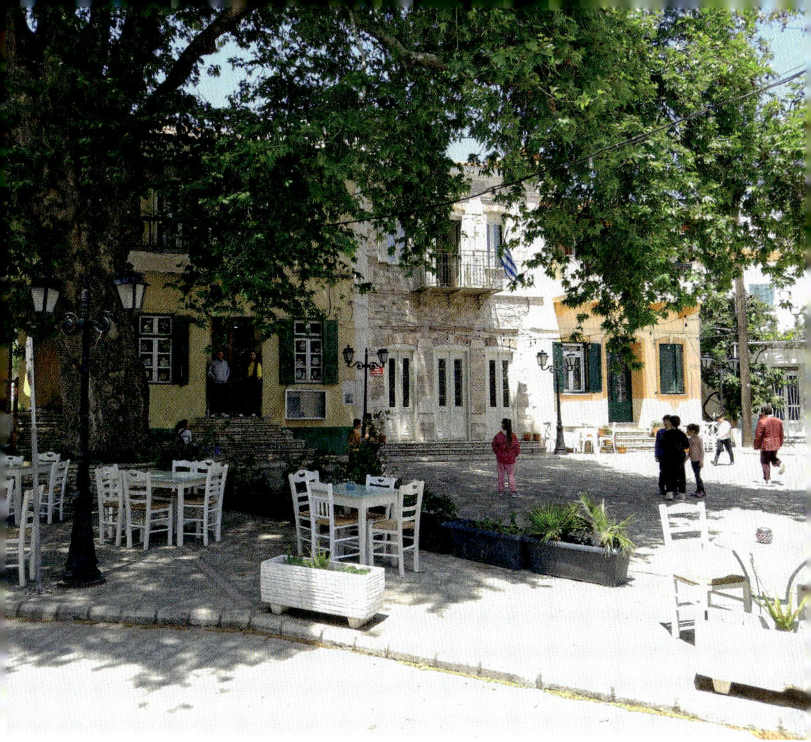

Startpunkt der Tour beim Hauptplatz in Koumeika.

auf. Wir kehren um und wandern direkt auf dem Kiesstrand weiter Richtung Westen. Bald gibt es oberhalb des Strandes eine parallel verlaufende Schotterstraße. Schöner (und anstrengender) ist es allerdings, den Weg zum **Strand** ❸ fortzusetzen. In **Ormos Marathokampos** ❹ empfiehlt sich die Einkehr im Pizza Cave bei Mike und Karolina bzw. Dimitri, Mikes Vater. Hier treffen sich sowohl die Einheimischen als auch Touristen.

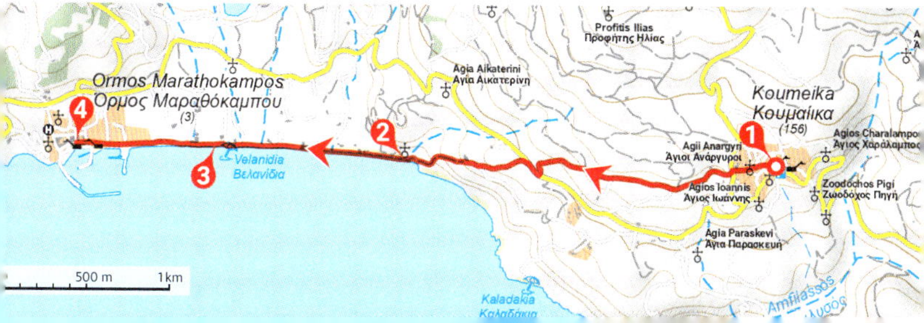

↗ 160 m | ↘ 500 m | 11.5 km

3.30 h

12 Von Platanos nach Kontakeika

Durch fruchtbares Land am Fuße des Ambelosgebirges

Die Wanderung verläuft abseits ausgetretener Pfade, obwohl wir im bekannten Bergdorf Platanos (Πλάτανος) starten. Das Wasser im Brunnenhaus im Zentrum des Ortes ist trinkbar. Wir folgen den gut markierten Wegen durch eine idyllische Landschaft, vorbei an Olivenhainen und Weinbergen. Die kühle Frische des Kiefernwaldes wechselt mit Olivenhainen und kleinen, von Touristen kaum besuchten Dörfern. Die Rückfahrt kann von hier mit dem Bus oder per Anhalter erfolgen – in letzterem Fall ist das Abenteuer noch nicht vorbei!

Ausgangspunkt: Platanos (Πλάτανος). Anreise per Auto, Taxi oder Anhalter, keine Busverbindung.
Endpunkt: Kontakeika (Κονταкαίικα) oder Agios Dimitros (Αγ. Δημήτριος). Rückfahrt mit dem Bus in Agios Dimitros oder per Anhalter. Abreise mit dem Bus nach Karlovasi (Καρλόβασι): 9.15, 13.05, 14.15 und 17.45 Uhr oder nach Samos Stadt (Vathy): 7.03, 8.33, 12.33, 15.03, 17.03 Uhr.
Anforderungen: Einfache Wanderung, anfangs auf einem Wanderweg, dann auf Wirtschaftswegen.
Einkehr: Am Start in Platanos, in Ydroussa (Υδρούσσα) und Kondakeika.
Baden: Keine Bademöglichkeit.

Wir starten am **Hauptplatz** von **Platanos** ❶. Beim Brunnenhaus von 1837 können wir unsere Flaschen mit frischem Quellwasser füllen. Wir folgen kurz der Straße Richtung Konteika und biegen nach wenigen Metern rechts ab. Der Wanderweg Nr. 17, der anschließend nach rechts abzweigt, ist nicht zu empfehlen, weil er ausschließlich auf eher langweiligen Forststraßen verläuft. Nachdem wir auf dem gut markierten Weg Nr. 16 den Ort verlassen haben, geht es auf einem schattigen Pfad, der im oberen Teil kürzlich ausgeschnitten wurde, ins Tal hinab. Wir überqueren den kleinen **Fourniotiko-Bach** ❷ und stoßen anschließend auf einen Schotterweg, dem wir nach links folgen. Der weitere Weg verläuft nun fast ausschließlich auf Wirtschaftswegen, ist aber wegen der abwechslungsreichen Kulturlandschaft mit Oliven und Weinanbau und den ursprünglichen Dörfern Ydroussa und Kontakeika sehr lohnend. Wir erreichen eine Kapelle und wenig später eine Kreuzung. Hier biegen wir rechts auf den weniger befahrenen Schotterweg ab (weiterhin gute Markierungen). Bei einer scharfen Rechtskurve vor Ydroussa müssen wir aufmerksam sein; die Markierung ist hier nur schlecht zu erkennen; wir müssen hier geradeaus weitergehen (im Ort halten wir uns

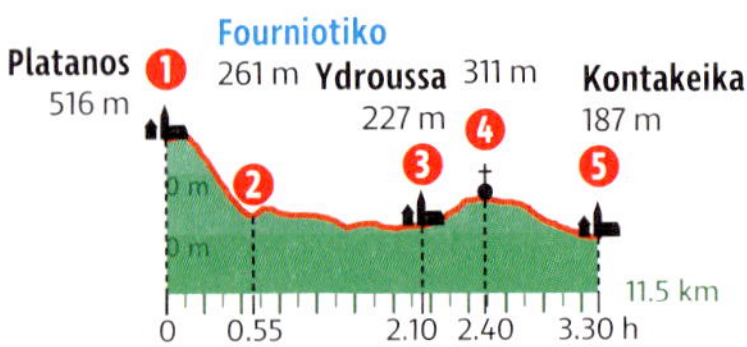

anschließend weiterhin immer geradeaus). Nach dem Ort **Ydroussa** ❸ steigt der Weg noch einmal recht steil an; der Kiefernwald spendet hier aber Schatten. Um zur **Pigi-Kapelle** ❹ zu gelangen, können wir kurz den Schotterweg nach links verlassen (Markierung). Wir folgen weiter der Markierung 16 und erreichen knapp oberhalb von **Kontakeika** ❺ die schmale Teerstraße. Wir halten uns links und erreichen den Ort in wenigen Minuten. Rückfahrt mit dem Bus oder per Anhalter. Bis zur Hauptstraße (Agios Dimitros) sind es nur 1,3 km.

Rückblick auf die Kirche von Platanos.

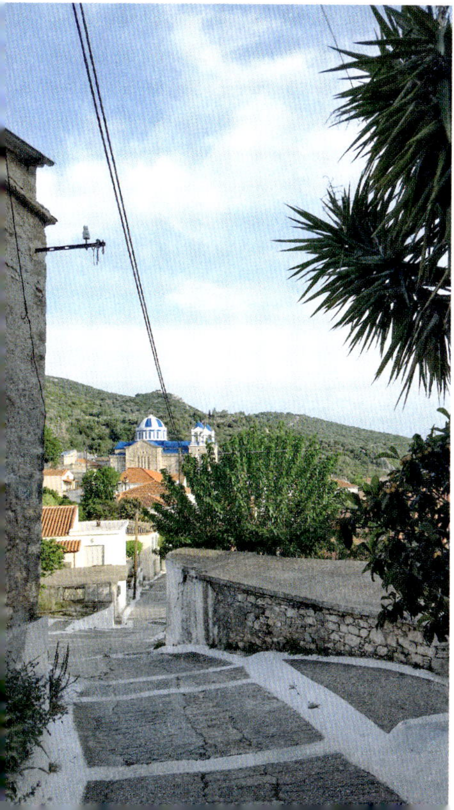

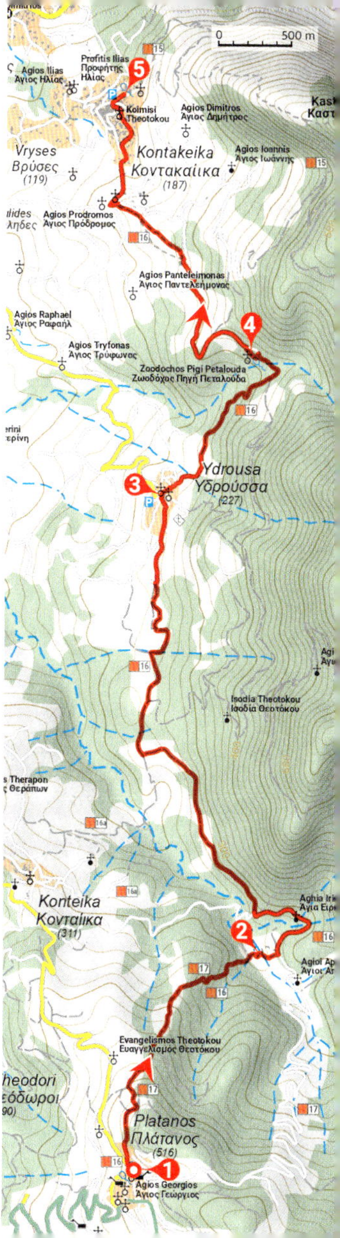

↗ 1000 m | ↘ 1000 m | 17.1 km

13 Lange Bergtour durchs Kerkismassiv

7.15 h

Rundwanderung vom Bergdorf Kosmadei auf Kerkis und Zastano

Wir nähern uns bei dieser Tour dem Kerkismassiv von Osten. Gleich zwei Gipfel bieten spektakuläre Rundblicke und am Ende gibt es noch einen Einblick in die bei Kletterern beliebte Seitanischlucht (Teufelsschlucht). Lohnend ist auch eine deutlich verkürzte Variante zum Kakoperatokloster und der Kakoperatohöhle.

Ausgangspunkt: Kosmadei (Κοσμαδαίοι). Anreise per Auto oder (Elektro)-Fahrrad ist nötig.
Anforderungen: Anspruchsvolle Bergwanderung mit alpinem Charakter, sehr gute Kondition, Trittsicherheit und beim Abstecher zur Kakoperatohöhle auch Schwindelfreiheit erforderlich.
Einkehr: Nur am Ausgangs- bzw. Endpunkt (Stelios Antonakakis bietet abwechslungsreiche einfache Küche – gewürzt wird mit Bergkräutern; auch im Winter geöffnet). Wasser gibt es kurz vor der Profitis-Ilias-Kapelle (Προφήτης Ηλίας) und beim Kloster Metohi Zoodohou Pigis, Kakoperatou.
Baden: Keine Bademöglichkeit.
Variante: Start wie beschrieben. Wir folgen dann weiter dem Weg Nr. 11 bis zur Kakoperatohöhle. Der Rückweg von dort erfolgt wie beschrieben.
Hinweis: Eine Taschenlampe sollte bei der Besichtigung der Kakoperatohöhle mitgeführt werden.

Wir starten am Parkplatz am Ende der Straße bzw. am Ortseingang von **Kosmadei** ❶. Von der Kirche ausgehend verläuft der markierte Weg Nr. 14 nach links zunächst durch den Ort und die umgebenden terrassierten Weinberge. Bald steigen wir durch Kiefernwald weiter hinauf und erreichen auf einem Geländerücken den Abzweig des Weges Nr. 11 nach links. Wir bleiben zunächst auf dem Kamm und steigen dann ein kurzes Stück nach rechts wenige Meter hinab in den Kiefernwald. Anschließend geht es durch ein immer noch von Waldbränden gezeichnetes Gebiet. Hier ist der Pfad nicht immer leicht zu erkennen – auf Markierungen achten! Der Weg verläuft etwas unterhalb der Felsen und wir erreichen bald einen **Pass** ❷ mit Schotterweg und Denkmal. Anschließend ist der Wegverlauf wieder klarer. Immer in der Nähe der steil nach Süden abfallenden Bergflanke erreichen wir die wunderschön gelegene **Kapelle Profitis Ilias** ❸, siehe Tour 2. Wir überschreiten rechter Hand die Vigla, den Gipfelbereich des Kerkismassivs bis zum Gipfel des **Zastano** ❹ (Ζάστανο), 1206 m.

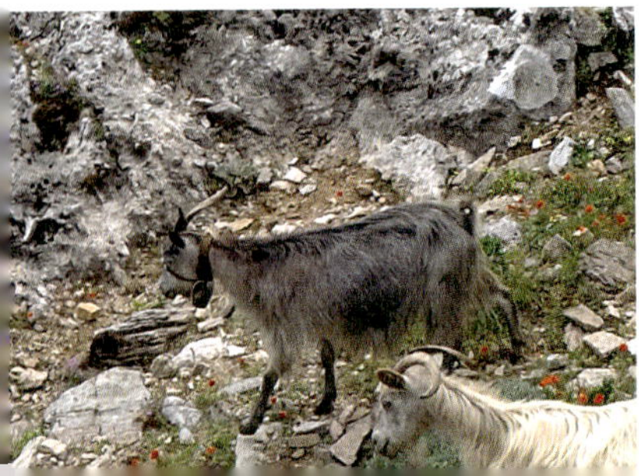

Frei laufende Ziegen in einer kargen Berglandschaft am Kerkis, die deutlich Zeichen von Vegetationsdegradation aufweist.

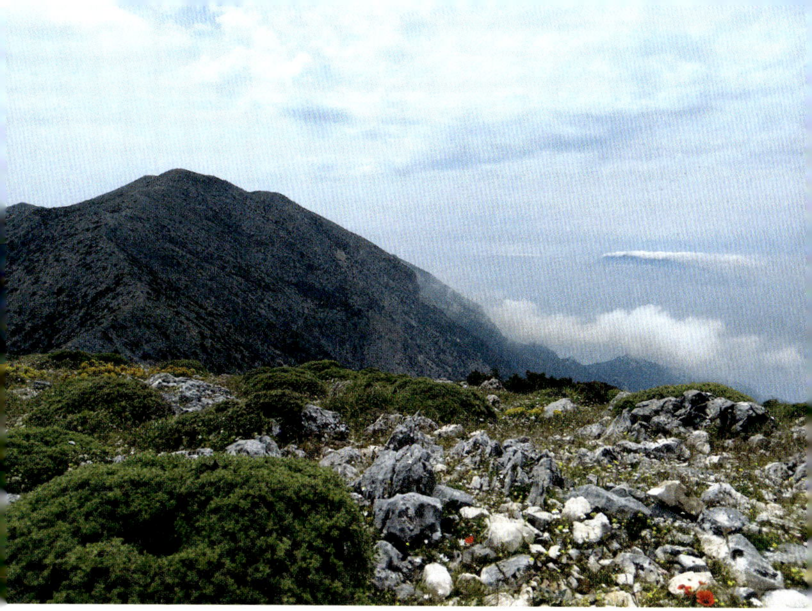

... über den Wolken. Leider hüllt sich der Gipfelbereich des Kerkis auch gern in eine Wolkenhaube.

Der Abstieg vom Zastano verläuft zunächst auf dem Bergrücken Richtung Nordosten. Man steigt direkt in Richtung Kloster ab, das im Tal schon zu sehen ist. Dann wendet sich der Pfad nach rechts zu einem kleinen Sattel. Der Wegverlauf ist hier, im steinigen Gelände, kaum zu erkennen. Hier ist unbedingt auf die ausreichend vorhandenen roten Punkte zu achten. Am Kloster gibt es eine Quelle. Es lohnt sich sehr, kurz vor dem **Kloster Metohi Zoodohou Pigis, Kakoperatou** 5 noch den Abstecher nach links zur **Höhle** 6 zu machen (Hinweisschild »Ζωοδόχου Κακοπέρατο«). Man bekommt

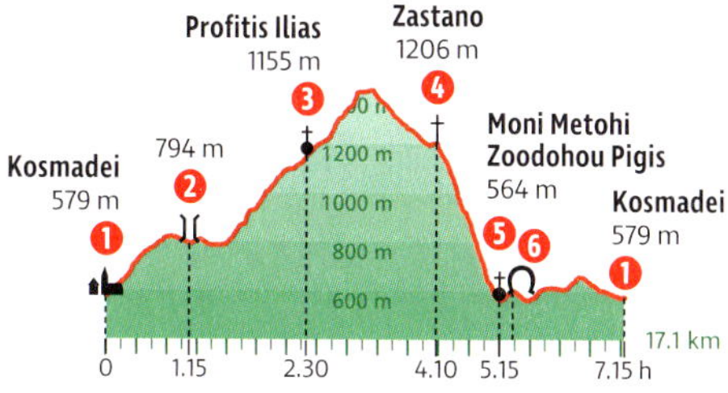

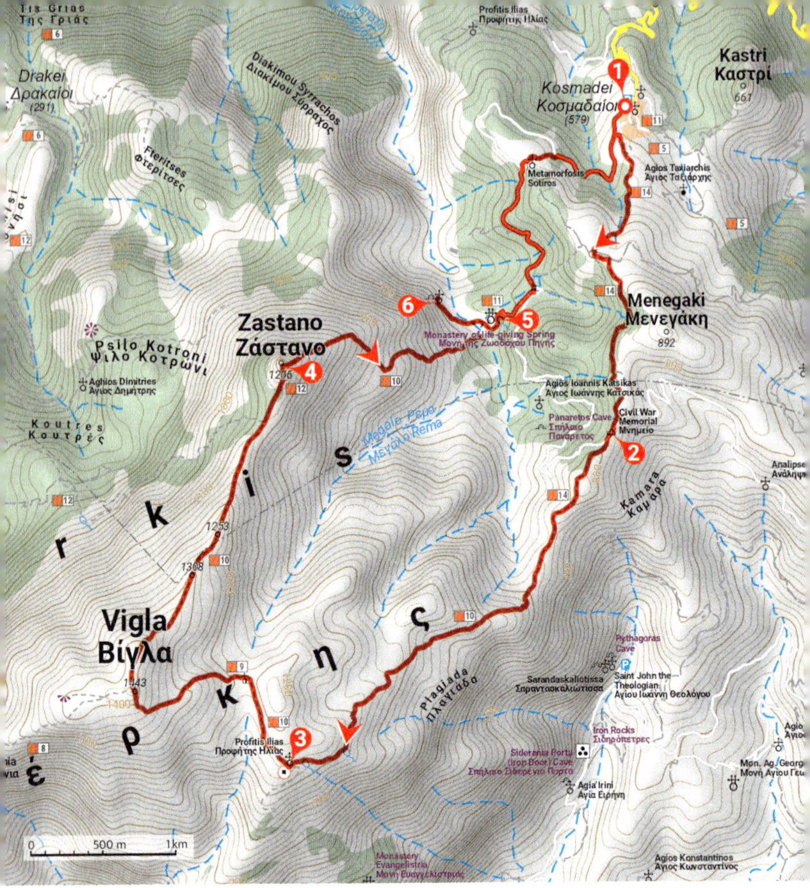

so Einblicke in die fantastische Seitanischlucht. Schwindelfrei sollte man für den Zustieg zur Höhle sein; eine wirkliche Gefahr abzustürzen besteht aber wegen der blauen Geländer nicht. Wieder zurück beim Kloster, folgen wir zunächst dem Zufahrtsweg des Klosters und biegen bei einer Platane links ab (Markierung 11). Jetzt verlassen wir den markierten Weg und folgen dem Schotterweg 1,5 km bis zu einem Abzweig nach rechts. Es geht hier kurz steil zu einer Kapelle hinauf. Neben der Kapelle folgen wir dem teilweise etwas zugewachsenen Pfad durch dichten Wald bergab und erreichen nach 200 m wieder den Schotterweg, dem wir nach rechts folgen und nach einem Kilometer den Ausgangspunkt **Kosmadei ❶** erreichen.

↗ 520 m | ↘ 520 m | 8.0 km

3.30 h

Auf den felsigen Kastrovouni, 711 m

14

Von Kontakeika auf den weithin sichtbaren Kastrovouni

Von Kontakeika (Κοντακαίικα) aus startet die kurze steile Bergwanderung. Der gut markierte Weg Nr. 15 führt uns auf den weithin sichtbaren Gipfel des Kastrovouni (Καστροβούνι), eine anspruchsvolle Herausforderung, die mit unvergleichlichen Panoramablicken über die Nordküste belohnt wird. Die Spuren eines alten genuesischen Kastells und eine winzige Miniaturkapelle markieren den Höhepunkt der Besteigung, bevor ein steiler, anspruchsvoller Pfad unterhalb von Felswänden und durch dichte Olivenhaine hinab führt.

Ausgangspunkt: Kontakeika (Κοντακαίικα). Anreise mit dem Bus nach Agios Dimitros (Άγιος Δήμητρος), von dort 900 m bis zum Startpunkt.
Anforderungen: Kurze anspruchsvolle Bergwanderung auf schmalen steinigen Bergwegen.
Einkehr: In Kontakeika.
Baden: Keine Bademöglichkeit.

Hinweis: Während der Zeit der Herrschaft der Genuesen (14.–15. Jahrhundert) wurden vor allem auf Chios und Lesbos wichtige Handelsstützpunkte angelegt. Diese Inseln wurden vom Genueser Adelsgeschlecht der Gattilusio beherrscht. Auf Samos gibt es kaum noch Zeugnisse des genuesischen Einflusses.

Blick auf Kontakeika, im Hintergrund Karlovasi.

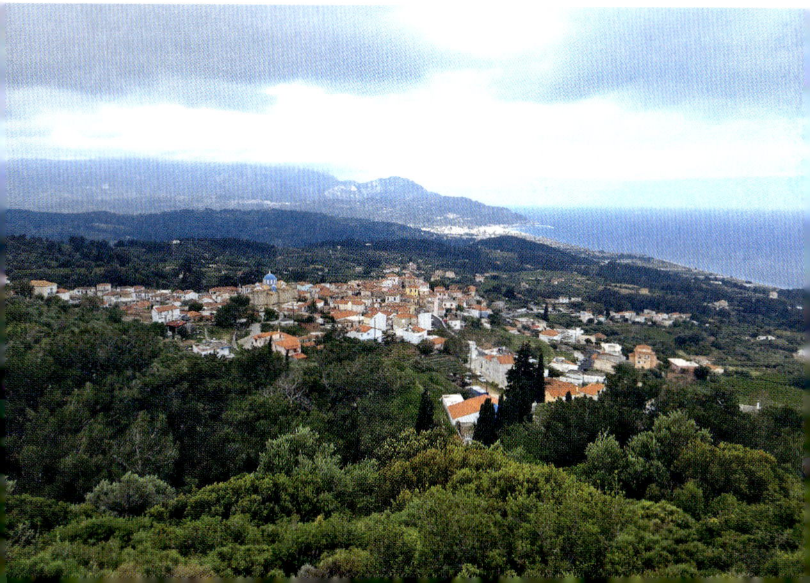

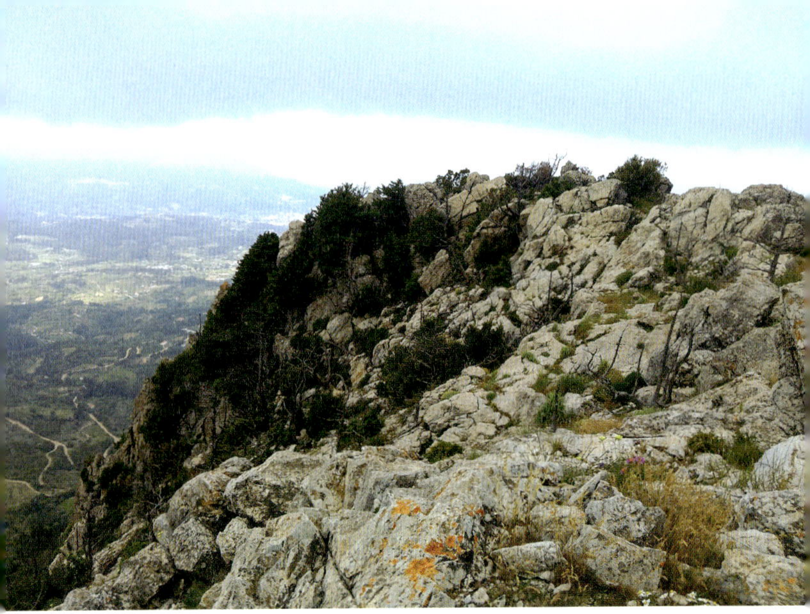

Felsige Südseite des Kastrovouni.

Wir starten an der Bushaltestelle bzw. dem Brunnen in **Kontakeika ❶**. Ein Hinweisschild beschreibt den markierten Weg Nr. 15, den wir zum Aufstieg auf den Kastrovouni (Καστροβούνι) nutzen. Die Zeitangabe (40 Min.) bis zum Gipfel ist aber wohl eher für Bergläufer realistisch. Es sind immerhin etwas mehr als 500 Hm zu überwinden. Wir passieren eine Kirche und folgen dann dem zunächst noch betonierten Weg. An der ersten Kreuzung halten wir uns rechts. Kurz danach biegen wir links ab (jeweils gut sichtbare Markierungen). Wir folgen dem Fahrweg noch ein Stück und biegen dann bald rechts auf einen recht steilen, gut sichtbaren und markierten Pfad ab. Durch den Waldbrand von 2000 gibt es hier zunächst nur Macchia und niedrige Büsche. Später sind die Büsche höher und spenden etwas Schatten. Nach insgesamt zwei Kilometern erreichen wir den steil abfallenden Südhang. Der Pfad verläuft kurz an der **Abbruchkante ❷**. Dann folgt ein letzter Anstieg zum Gipfel. Auf den letzten Metern ist die Pfadspur nicht mehr so gut zu erkennen, es gibt aber ausreichend rote Farbmarkierungen. Die Res-

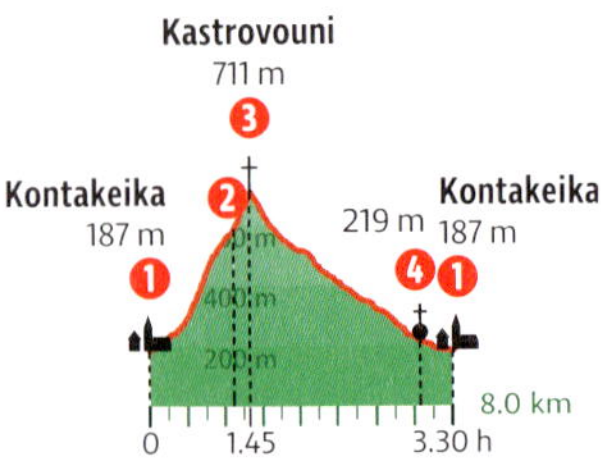

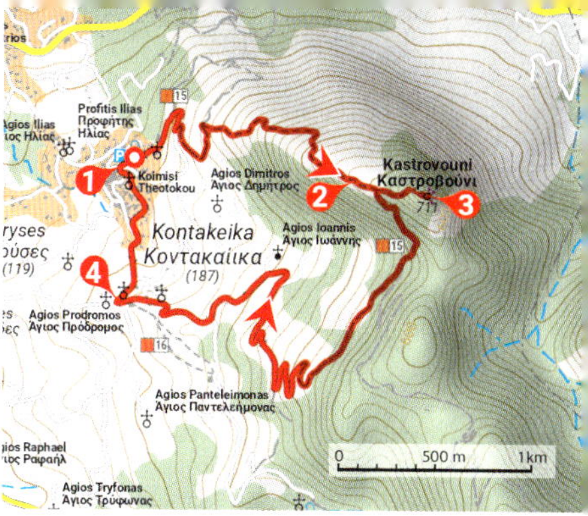

te eines Kastells sind hier noch zu erkennen. Der Weg endet an einer Miniaturkapelle (einem 30x30x30 cm großen Würfel). Die letzten Meter bis zum Gipfel des **Kastrovouni 3**, 711 m, mit der obligatorischen Betonsäule können leicht weglos erklettert werden.

Wir steigen 300 m auf dem Pfad wieder hinunter und biegen dann links ab. Der Pfad quert hier recht spektakulär unterhalb der Felswand. Der Weg ist gut mit roten Punkten markiert, jedoch sehr steil und teilweise etwas zugewachsen. Hier ist Trittsicherheit unbedingt erforderlich! Bei einer Kehre mündet der Pfad in einen Schotterweg, dem wir nun anfangs nur leicht, später stärker abfallend durch Olivenhaine folgen. Wir folgen immer dem Hauptweg, nach 1,5 km halten wir uns rechts und nach weiteren 1,3 km noch einmal rechts. Wir erreichen die Teerstraße bei einer kleinen **Kapelle 4**, wenden uns hier rechts und erreichen nach weiteren 900 m durch den Ort wieder den **Ausgangspunkt 1**.

Blühende Macchia (Zistrosen – violett, Mittelmeer-Strohblume – gelb).

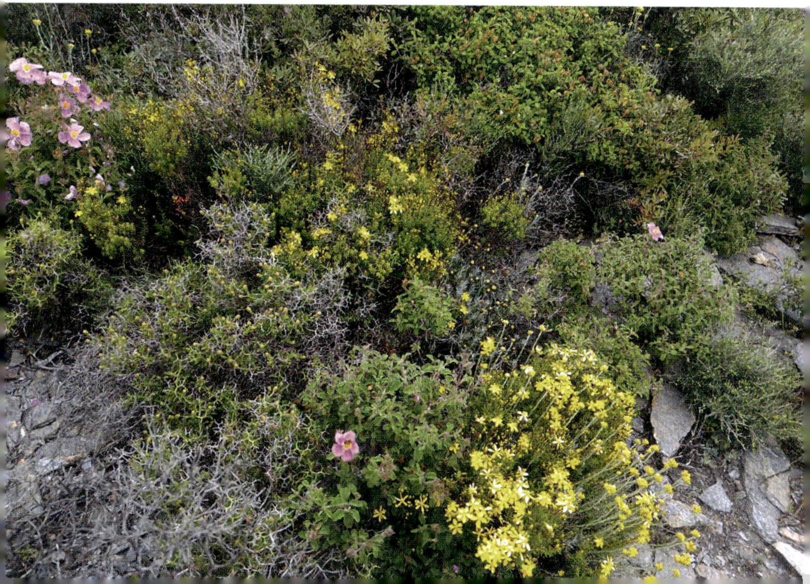

↗ 380 m | ↘ 380 m | 9.3 km

15 Zum Strand von Megali Lakka und auf den Profitis Ilias

3.15 h

Rundwanderung mit fantastischem Strand und 360-Grad-Ausblick über Ostsamos

Bei der eindrucksvollen Klosteranlage Zonis beginnt unsere Wanderung. Der markierte Wanderweg Nr. 19 führt zum traumhaften Megali-Lakka-Strand (Παραλία μεγάλη Λάκκα). Hier erwartet uns ein idyllischer Sandstrand, ideal für eine ausgiebige Pause und ein Bad im kristallklaren Wasser. Nach einer entspannten Auszeit folgen wir dem gut markierten Pfad, der uns an einer Quelle vorbei bis zum Gipfel des Profitis Ilias (Προφήτης Ηλίας) führt. Dort genießen wir den 360-Grad-Ausblick über den Ostteil der Insel.

Ausgangspunkt: Agia Zoni (Αγία Ζώνη). Anreise mit dem Auto oder Fahrrad, per Anhalter schlecht möglich.
Anforderungen: Die Tour verläuft fast ausschließlich auf sehr gut markierten steinigen Wanderwegen. Der Abstieg zum Strand von Megali Lakka (Παραλία μεγάλη Λάκκα) ist recht steil.
Einkehr: Nur in Aghia Zoni.
Baden: Am Megali-Lakka-Strand.
Variante: Bei sehr heißem Wetter bietet es sich an, den großteils schattenlosen Aufstieg zum Profitis Ilias (Προφήτης Ηλίας) auszulassen und nur bis zum Strand von Megali Lakka und auf dem gleichen Weg zurück nach Agia Zoni zu wandern. Die Tour verkürzt sich damit auf 1.30 Std.

Wir starten am **Kloster Zonis** ❶. Gegenüber dem Kloster gibt es einen Parkplatz. Kurz folgen wir der Teerstraße Richtung Kamara (nach Norden), biegen aber schon nach wenigen Metern rechts auf einen Schotterweg ab. Nach weiteren 100 m biegen wir rechts und dann sofort wieder links ab. Wir befinden uns nun auf dem markierten Wanderweg Nr. 29. Der Wanderweg biegt nach weiteren 400 m rechts ab (Hinweisschilder) und verzweigt sich (Nr. 29 a und Nr. 29). Wir folgen dem linken Pfad Nr. 19. Links unten können wir bereits den **Strand Megali Lakka** ❷ sehen. Nach 900 m zweigt ein markierter Pfad (Steinmänner, rote Punkte) links ab. Erst leicht, später recht steil abfallend erreichen wir die traumhafte Bucht. Sonnenschirme spenden Schatten und Strandliegen können in der Saison gemietet werden. Der meist sandige, teils aber auch steinige (Vorsicht Seeigel) Strand lädt zu einer ausgiebigen Pause ein. Anschließend steigen wir wieder bis zur Abzweigung auf und halten uns hier links. Der Pfad ist weiterhin gut markiert, teilweise etwas zugewachsen und erreicht bei einer **Quelle** ❸ einen Schotterweg. Das Quellwasser wird hier in einem Reservoir gesammelt. Wir folgen dem zunehmend besser befahrbaren Schotterweg (Vorsicht, ein Wegweiser verleitet

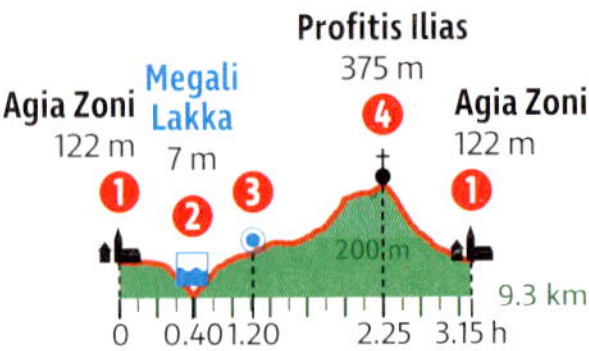

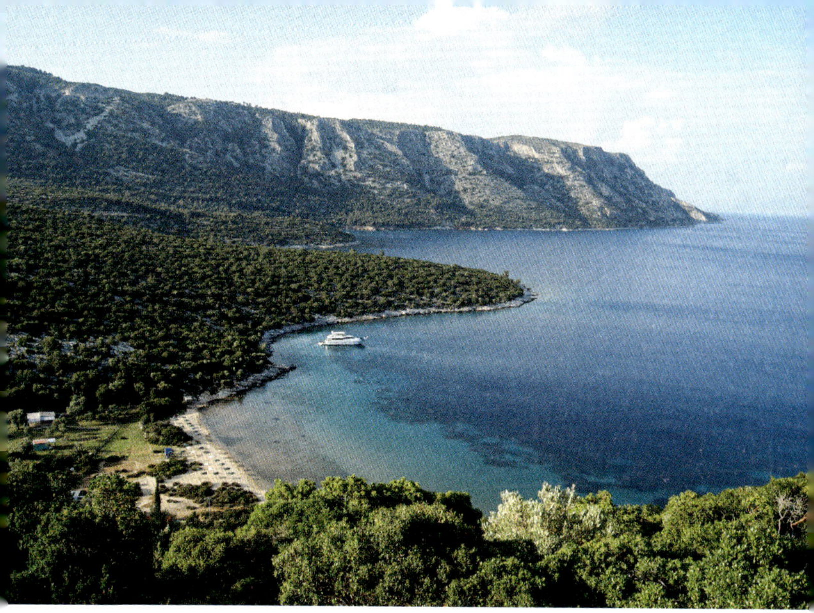

Die traumhafte Bucht wird nicht nur von Wanderern besucht.

hier in einer Kurve zum Abbiegen). Erst nach 500 m zweigt der Weg auf einem schmalen Schotterweg rechts ab und anschließend geht es auf einem Wanderweg weiterhin stetig bergauf. Die Vegetation nimmt ab und es ist auf rote Markierungen zu achten. Der Gipfelbereich ist dann recht flach; von der **Kapelle Profitis Ilias** ❹ bieten sich tolle Ausblicke über den Ostteil der Insel. Es geht jetzt steil bergab. Hier gibt es kurzzeitig Wald und der Weg biegt scharf rechts ab. Etwas oberhalb von Agios Triada erreichen wir eine Teerstraße, der wir in den Ort bis zur Taverne folgen. Hier rechts abbiegen und nach wenigen Metern ist der **Ausgangspunkt** ❶ erreicht.

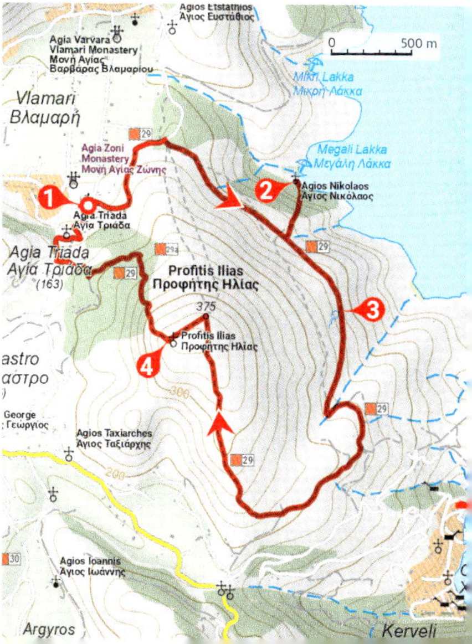

TOP

16

Durchs Nachtigallental

↗ 300 m | ↘ 300 m | 7.4 km

2.30 h

Rundtour von Vourliotes ins Nachtigallental

Unsere Tour beginnt im malerischen Dorf Vourliotes (Βουρλιώτες), dessen Charme durch die idyllische Landschaft und die gemütliche Atmosphäre auf dem zentralen Dorfplatz hervorgehoben wird. Wir tauchen anschließend in die üppige Vegetation im wunderschönen Nachtigallental ein. Der Bach führt selbst im Hochsommer Wasser. Auf einem Forstweg und an der kleinen Kirche der Heiligen Dreifaltigkeit erreichen wir das kleine Dorf Valeontades (Βαλεονταδες), in dem ein bekanntes Restaurant zum Verweilen einlädt.

Ausgangspunkt: Vourliotes (Βουρλιώτες). Mit dem Auto oder per Anhalter. Parkplätze vorhanden.
Anforderungen: Leichte Wanderung auf bequemen Wanderwegen und Forststraßen mit viel Schatten.
Einkehr: In Vourliotes und ein Restaurant in Valeontades (Βαλεονταδες), ithakirestaurant.gr.
Baden: Keine Bademöglichkeit. Wir können uns etwas mit dem Wasser des Kakoremabaches erfrischen. Außerdem besteht die Möglichkeit, von Valeontades nach Agios Konstantinos (Άγιος Κωνσταντίνος) zu wandern und dort im Meer zu baden – hin und zurück zusätzlich 2,2 km.
Hinweis: Die Siedler von Vourliotes stammen aus dem Ort Vourla (heute Urla) in Kleinasien, ca. 40 km von Izmir entfernt.

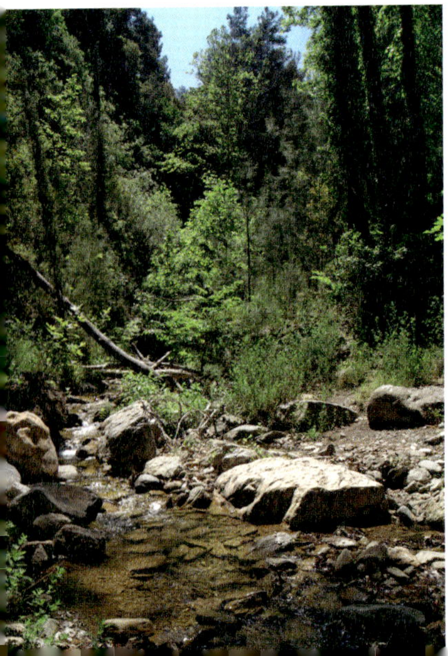

Wir starten am Ortsrand von **Vourliotes** ❶ und folgen der Hauptstraße in den Ort bis zum Zentrum, dem Blauen-Stuhl-Platz. Kurz nach dem Platz biegen wir rechts in den unteren Teil des Ortes ab. Schon nach wenigen Metern folgen wir den Hinweisschildern Nr. 25 nach links zur Kapelle mit Friedhof. Nach der Kapelle führt der Wanderweg durch üppige Vegetation ins **Kakorematal** ❷ bzw. Nachtigallental. Das dichte Blätterdach spendet Schatten und selbst im Sommer führt der Bach im Tal meistens Wasser. Unten gibt es viele Platanen und wir wechseln auf den Wanderweg 18, der hier auf einem Schotterweg parallel zum Bach verläuft. Wir verlassen den

Im grünen wasserreichen Nachtigallental.

markierten Weg nach links über eine Holzbrücke, passieren ein Gehöft und erreichen ansteigend an weiteren Häusern vorbei die kleine Kirche zur Heiligen Dreifaltigkeit. Über eine Treppe steigen wir zur schmalen Teerstraße ab und durchqueren die Siedlung **Valeontades** 3, die aus wenigen Häusern und einem Restaurant besteht. Nach dem Ort verlassen wir die Straße auf einem Schotterweg (Hinweisschild, Markierung 18) nach rechts und wenden uns nach der Bachüberquerung nach links. Kurzzeitig sind wir jetzt auf einem nicht markierten Weg. Nach wenigen Metern müssen wir bei einer Linkskurve aufmerksam sein. Hier verlassen wir den Fahrweg und folgen einem gut erkennbaren Pfad, der steil durch den Wald aufsteigt. Bald erreichen wir den markierten Weg 20 und folgen ihm rechter Hand. Der Weg steigt zunächst kaum an und bald verzweigt sich der Wanderweg (Hinweisschilder). Wir halten uns links und folgen nun dem Wanderweg 20 A. Durch Olivenhaine, an einzelnen Gehöften und an einer **Kapelle** mit **Quelle** 4 vorbei, erreichen wir Wanderweg 20, auf dem wir die letzten Höhenmeter bis **Vourliotes** 1 aufsteigen und so den **Ausgangspunkt** wieder erreichen.

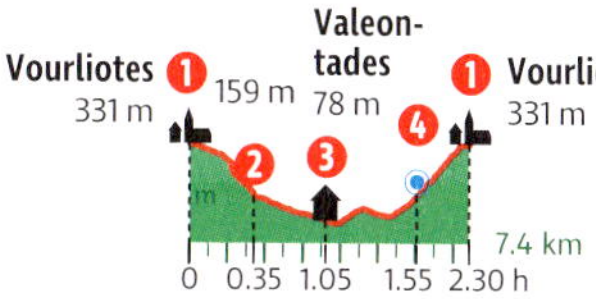

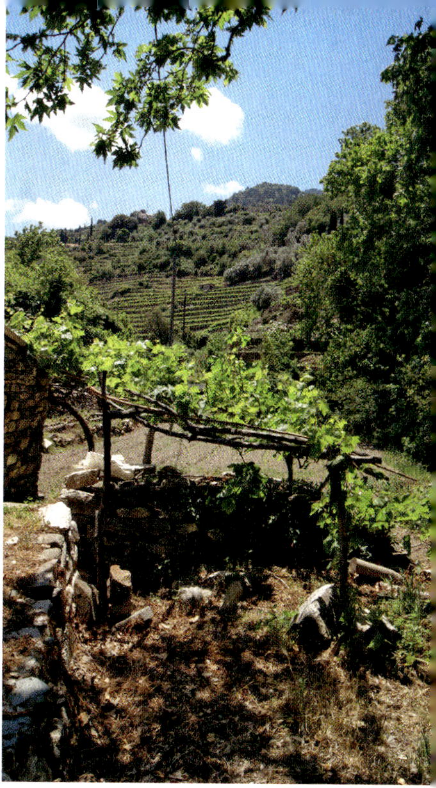

Weinbau im grünen Norden von Samos.

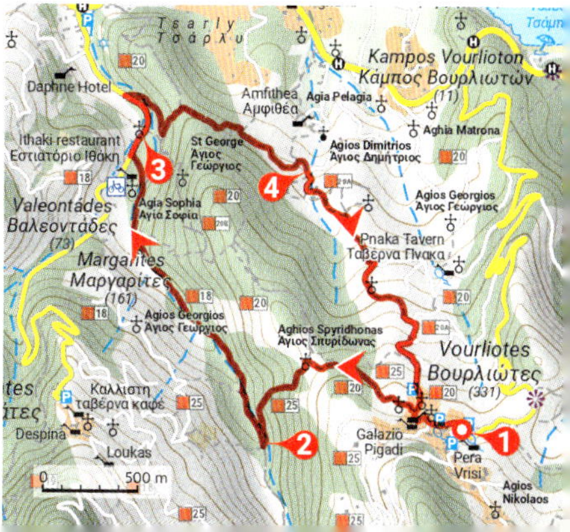

↗ 640 m | ↘ 640 m | 17.5 km

17 Von Avlakia nach Agios Konstantinos

6.00 h

Zwischen Olivenhainen und versteckten Wasserfällen

Diese Wanderung führt Sie von Avlakia durch die vielseitigen Landschaften der Insel. Erkunden Sie die sanften Hügel, durchzogen von bewaldeten und landwirtschaftlich genutzten Flächen, und entdecken Sie die verborgenen Kapellen und Quellen von Pnaka, bevor Sie das malerische Dorf Vourliotes erreichen. Folgen Sie den Spuren der Vergangenheit auf alten Verbindungswegen, die entlang eines Baches und durch dichte Vegetation zu den charmanten Dörfern Manolates und schließlich nach Ambelos führen. Ein Höhepunkt der Tour ist der versteckte Wasserfall von Paliomylos, ein ruhiger Rückzugsort in einer felsigen Schlucht.

Ausgangspunkt: Avlakia (Αυλάκια). Anreise mit dem Bus von Samos: 8.30, 12.20, 14.00, 17.00 Uhr oder Karlovasi: 7.00, 8.30, 12.30, 15.00, 17.00 Uhr.
Endpunkt: Agios Konstantinos (Άγιος Κωνσταντίνος). Rückfahrt mit dem Bus nach Samos Stadt (Vathy): 12.40, 15.10, 17.15 Uhr oder Karlovasi: 13.05, 14.45, 17.45 Uhr.
Anforderungen: Lange Wanderung auf gut markierten Wegen. Die Tour kann notfalls auf halber Strecke in Manolates (Μανωλάτες) abgebrochen werden.
Einkehr: Es gibt in jedem Dorf mindestens ein Restaurant.
Baden: Keine Bademöglichkeit.

Ausblick knapp oberhalb von Avlakia mit dem türkischen Festland im Hintergrund.

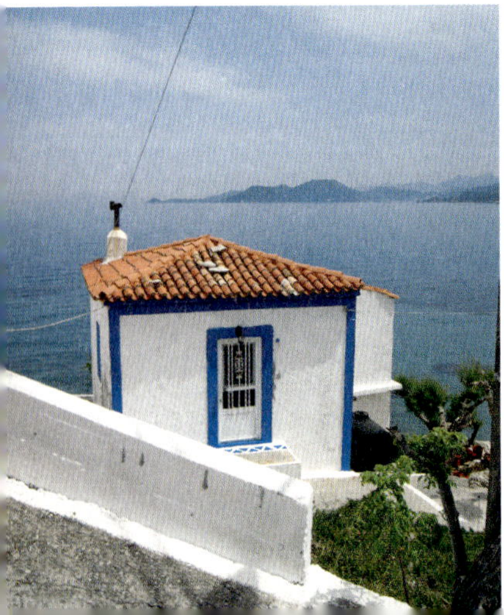

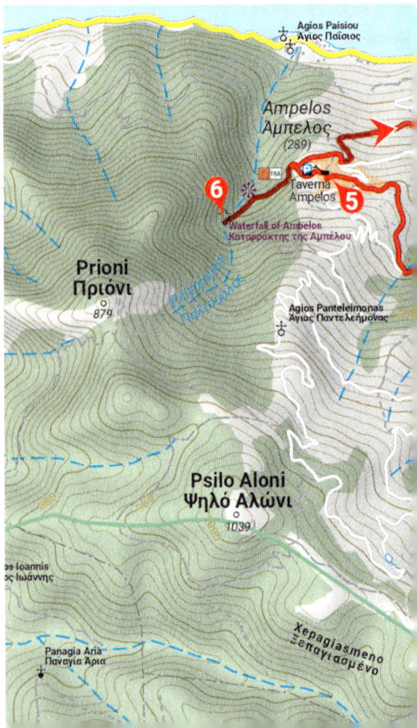

Wir starten in **Avlakia** ❶ beim Hotel Avlakia und folgen kurz der Straße Richtung Westen (Karlovasi). Nach einer Serpentine biegt links der markierte Wanderweg 20 (Hinweisschild) ab. Wir folgen dem ansteigenden Weg durch erst bewaldetes, dann landwirtschaftlich genutztes (Oliven, Wein) Gebiet und erreichen **Pnaka** ❷ mit Kapellen, Einkehrmöglichkeit und frischem Quellwasser.

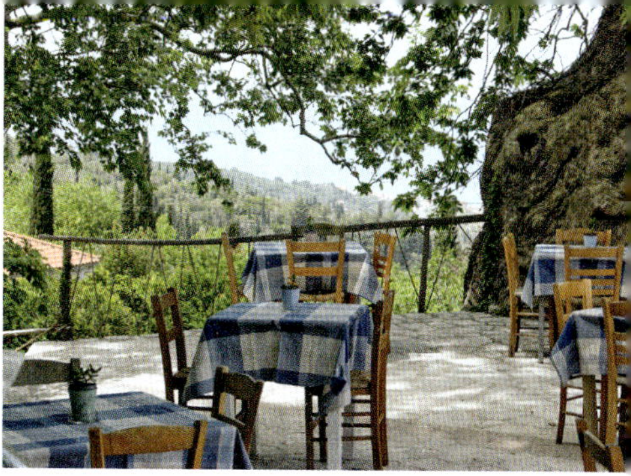

Pnaka – für die erste Pause im Schatten der riesigen Platanen ist es eigentlich noch zu früh …

Der Weg steigt anschließend weiter auf Wirtschaftswegen bis **Vourliotes** ❸ an. Vom kleinen hübschen Platz im Zentrum (»Blauer-Stuhl-Platz«) geht es auf dem Weg Nr. 25 kurz eben in Richtung Westen, dann steigt der Weg im Gassengewirr schnell zum Ortsrand hinauf. Teilweise auf Wirtschaftswegen, teilweise auf alten Verbindungspfaden entlang von Steinmauern

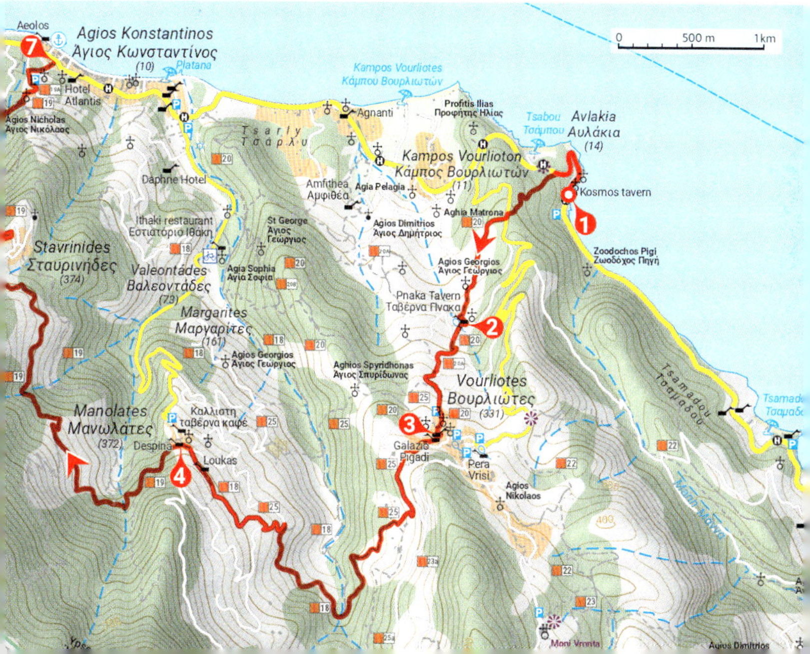

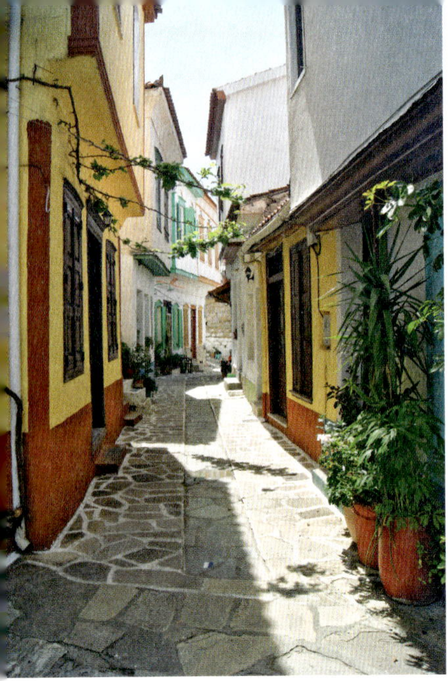

Typische Straßenszene in Vourliotes.

erreichen wir einen Bach und gehen dann weiter leicht ansteigend nach **Manolates** ❹ hinauf. Vor dem Ort muss links in einen Wirtschaftsweg abgebogen werden. Dieser Weg wird nach zwei Serpentinen wieder nach rechts verlassen (auf Markierungen achten). Am Ortsrand von Manolates folgen wir den Markierungen mit der Nr. 19. Das Gelände wird hier steiler und vereinzelt felsig. Hier erreichen wir den höchsten Punkt der Tour mit schönen Ausblicken über das Nachtigallental (Tour 16). Stavrinides sehen wir nur von oberhalb. Wir erreichen die Verbindungsstraße nach Ambelos und folgen dieser Straße bergab bis nach **Ambelos** ❺. Hier bietet sich noch ein Abstecher zum **Wasserfall** des Baches **Paliomylos** ❻ (Παλιόμυλος, Alte Mühle) an. Im Spätsommer führt der Bach in der Regel kein Wasser. Von der Straße erreicht man auf dem gut markierten Weg Nummer 19A in 15 Min. die Schlucht und wenig später den kleinen moosbewachsenen Wasserfall. Der Weg ist am Ende recht steil – die Seile sind hier aber beim Auf- und Abstieg nicht unbedingt nötig. Kurz vor dem Wasserfall kann ein kurzer Stollen besichtigt werden. Der Abstecher (Hinweisschild »Small waterfall«) ist wegen des Ausblicks in die felsige Schlucht lohnend. Bis Ambelos geht es auf dem Anstiegsweg zurück, dann ein kurzes Stück auf der Straße, bevor der Weg (auf Markierung achten!) links auf schönen alten, teilweise gepflasterten Verbindungswegen zur Küste nach **Agios Konstantinos** ❼ absteigt und man von dort mit dem Bus zum **Ausgangspunkt** ❶ zurückfahren kann.

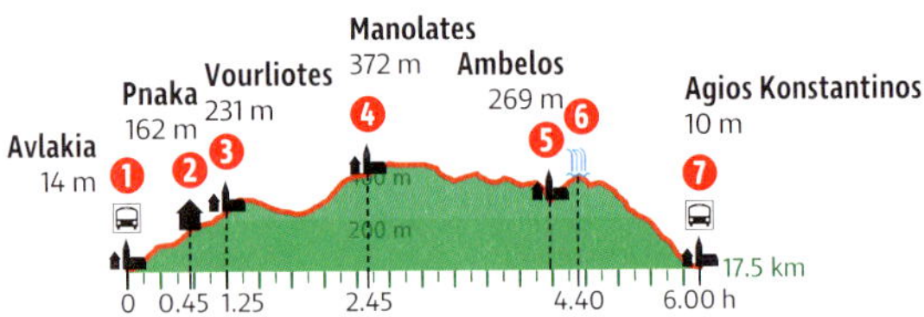

↗ 130 m | ↘ 130 m | 4.0 km

1.30 h

Ausflug nach Samiopoula

Sonnenbaden, schwimmen und wandern auf der kleinen Nachbarinsel von Samos

Wir schippern von Pythagorio (Πυθαγόρειο) oder Ormos Marathokambou (Όρμος Μαραθοκαμπού) zur idyllischen Insel Samiopoula (Σαμιοπούλα), Kleinsamos). Dort erkunden wir die felsige Küste, genießen ein erfrischendes Bad am Sandstrand und lassen uns vom Blick hinter der Kapelle Agios Pelagia verzaubern. Wir durchqueren eine Olivenplantage und folgen den blau-weißen Markierungen bis zur Kapelle Analipsi. Die Highlights der Tour? Die Gastfreundschaft der Schiffsbesatzung, sehr gutes Essen und spektakuläre Küsten, die sich vom Boot aus und zu Fuß erkunden lassen.

Ausgangspunkt: Pythagorio (Πυθαγόρειο) oder Ormos Marathokambou (Όρμος Μαραθοκαμπού). Kapitän Jiannis bietet die Überfahrt nach Samiopoula (Σαμιοπούλα) mehrmals pro Woche an und startet um 9.30 Uhr im Hafen von Pythogorio. In Ormus Marathokambou bieten Fischer die Tour ebenfalls an.
Anforderungen: Der felsige Küstenabschnitt erfordert Trittsicherheit und etwas Klettergeschick. Der kurze Aufstieg zur Kapelle Agios Pelagia erfolgt auf einem einfachen Wanderweg.
Einkehr: Der Ausflug wird in der Regel mit einem ausgiebigen Essen auf Samiopoula angeboten. Ein öffentliches Restaurant gibt es auf der Insel nicht.
Baden: Fantastischer Sandstrand auf Samiopoula. Bei der Rückfahrt wird in der Regel an einer einsamen Bucht an der Südküste von Samos zum Baden angelegt. Es ist auch möglich, von Felsklippen ins Wasser zu springen.

Ausflugsfischerboot vor dem Strand auf Samiopoula. Der kleine Hafen befindet sich auf der anderen Inselseite.

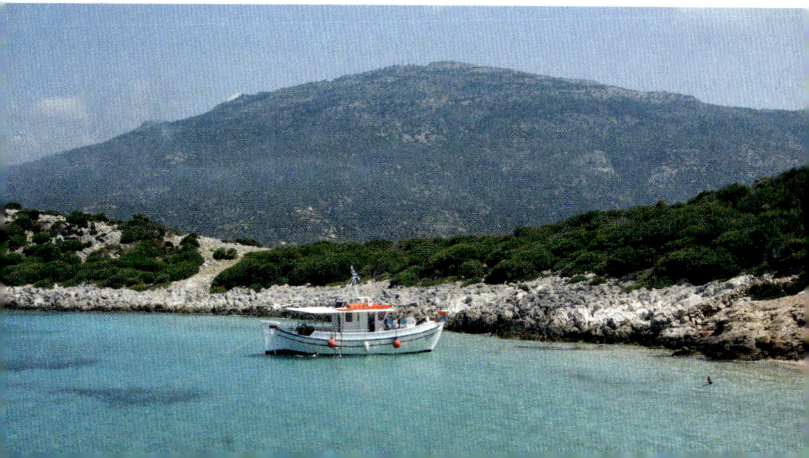

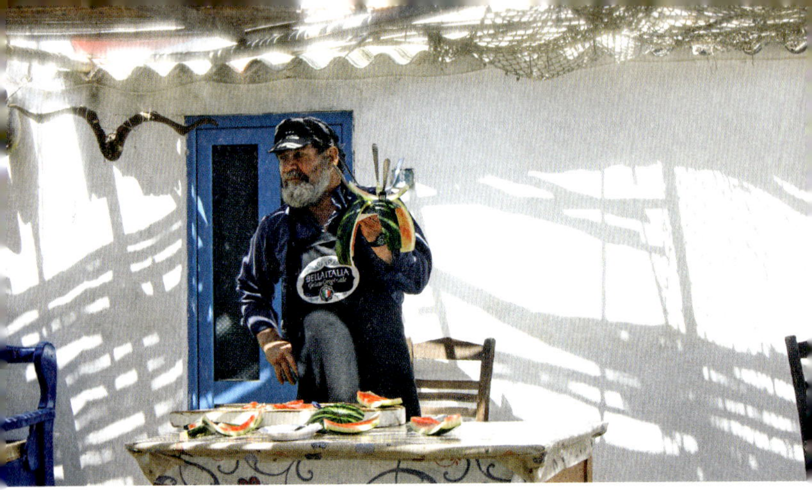

Kapitän Jannis bietet nicht nur eine sichere Überfahrt, sondern auch hervorragendes Essen und Unterhaltung.

Wir starten in Pythagorio oder Ormus Marathokabou mit dem Schiff. Hier wird auf **Samiopoula** in der Regel direkt am Strand angelegt. Von der Anlegestelle überqueren wir die Insel an der schmalsten Stelle in wenigen Minuten zum **Sandstrand** ❶. Wir folgen der steinigen Küste nach links zunächst Richtung Westen und anschließend nach einem kleinen Kap Richtung Südosten. Wir müssen am Anfang recht mühsam über teils sehr scharfkantiges Gestein klettern. Dann wird der Weg etwas weniger schwierig. Nach 30 Min. werden die **Klippen** ❷ so steil, dass wir wieder umkehren. Nach einem erfrischenden Bad folgen wir dem betonierten Weg zum Grundstück mit einer kleinen Olivenplantage, Ziegen und Eseln. Von der Plattform hinter der **Kapelle Agios Pelagia** ❸ bietet sich schon ein schöner Ausblick auf die Südküste von Samos. Wir durchqueren die Olivenplantage in Richtung einer Baumgruppe (Kiefern) und erreichen danach ein kleines Gatter (bitte wieder verschließen). Der mit blauen und weißen Punkten markierte Pfad führt uns zur **Kapelle Analipsi** ❹ etwas unterhalb des Gipfels. Ca. 200 m vor der Kapelle kann über Geröll weglos unschwer der Gipfel erreicht werden. Zurück geht es auf dem gleichen Weg.

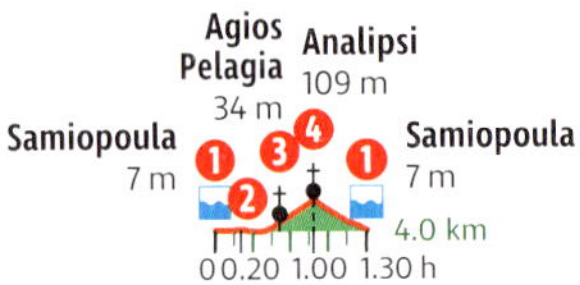

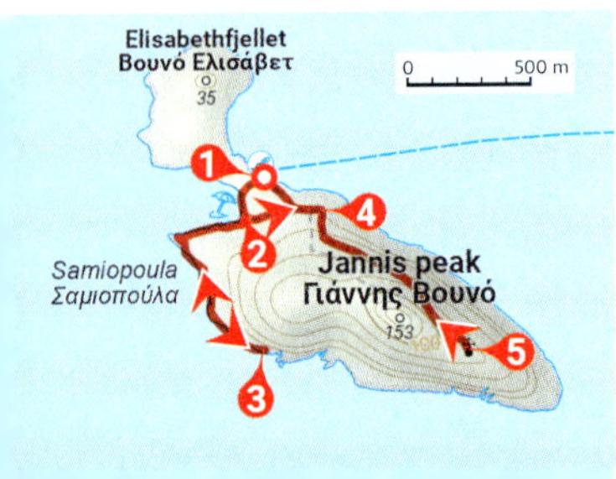

↗ 150 m | ↘ 140 m | 6.9 km

2.15 h

Von Pythagorio nach Chora

Historischer Rundgang durch die Umgebung von Pythagorio

Diese Tour sticht weniger durch ihre alpinistischen Ansprüche, sondern vielmehr durch die große Zahl an historischen Zwischenstationen heraus. Der historische Ortskern Pythagorios (Πυθαγόρειο) wurde von einer Befestigungsanlage umgeben, um vor Feinden aus dem Hinterland geschützt zu sein. Reste der Mauer und ein Wachturm sind heute noch erhalten. Zudem wurde über einen ca. 1 km langen Tunnel Wasser aus dem Hinterland bis an den Fuß des Ortes in ein Reservoir geleitet. Der Tunnel des Eupalinos ist noch heute zu besichtigen (dienstags geschlossen). Steine für den Straßenbau und Gebäude wurden in mehreren Kalk- und Steinbrüchen gewonnen. Diese ehemaligen Steinbrüche sind sehr sehenswert, da man hier den Berg seitlich und schräg abfallend ausgehöhlt und lediglich schmale Säulen zur Stabilisierung stehen gelassen hat.

Ausgangspunkt: Sanctuary of Artemis in Pythagorio, Abzweig des Wanderwegs von der Hauptstraße zwischen den zwei Reservoirs. Die Zufahrt kann problemlos mit dem Fahrrad erfolgen. Parkplätze sind in der Nähe ausreichend vorhanden (südlich der Hauptstraße oder Nicos Rental Parking). Busverbindung von Samos Stadt (Vathy): 7.20, 8.15, 10.25, 13.00, 15.15, 16.15, 17.15 Uhr.
Endpunkt: Ortsmitte von Chora (Χώρα). Busverbindung nach Pythagorio (Πυθαγόρειο) und zum Flughafen und weiter nach Samos Stadt (Vathy): 10.20, 13.10, 16.20, 17.20 Uhr.
Anforderungen: Technisch einfache Tour mit moderater Steilheit. Eine lange Hose wird empfohlen gegen Verletzungen durch die zahlreichen dornigen Sträucher entlang der schmäleren Wegpassagen.

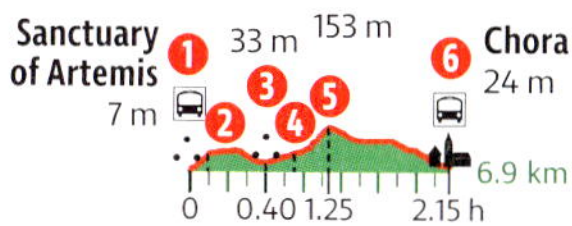

Einkehr: Zahlreiche Restaurants in Pythagorio und Cafés in Chora.
Baden: Keine Bademöglichkeit.
Hinweis: Weite Teile der Tour verlaufen in offenem Gelände und ohne die Möglichkeit, die Trinkwasservorräte auffüllen zu können. Erst in Chora gibt es zwischen Ortskern und Viadukt einen Trinkwasserbrunnen.

Das **Sanctuary of Artemis** ❶ liegt direkt an der Hauptstraße von Pythagorio. Diese wird nach Norden verlassen und wir folgen dem markierten Wanderweg mit der Nr. 31 bis zum **südlichen Eingang** des **Eupalinos-Tunnels** ❷. Weiter geht es, dem Wegweiser mit der Nr. 31 folgend, nach Westen auf einem kurzen Stück Schotterpiste. Diese geht nach einigen Hundert Metern in einen Wanderweg über. Sobald man auf einen Graben stößt, geht es nach rechts in Richtung Norden. Hier kann ein **römisches Aquädukt** ❸ bestaunt werden. Wir folgen weiter der Beschilderung zum **nördlichen Eingang** des **Eupalinos-Tunnels** ❹. Ein ganz kurzes Stück müssen wir nun

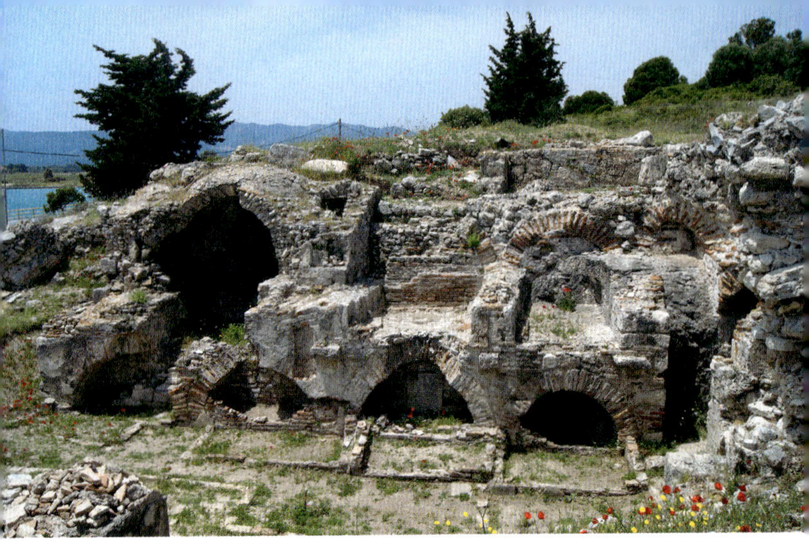

Die Ruine des Heiligtums der Artemis (Sanctuary of Artemis), der Göttin der Jagd.

zurückgehen und an der Kreuzung geradeaus den Hang hinaufgehen. Wir verlassen den markierten Wanderweg mit der Nr. 31. Nach einigen Höhenmetern kommen wir bereits an den ersten Steinbrüchen vorbei. Diese ziehen sich über mehrere Hundert Meter entlang des Weges hin. Hier ist der **höchste Punkt** ❺ der Tour erreicht. Zur Nordflanke des Hügels geht es auf einer groben Schotterpiste. Erst nach der Kreuzung mit der Straße aus Aghiadhes wird der Zustand der Schotterpiste besser. Dieser Piste folgen wir nach links. Anschließend stoßen wir auf eine Asphaltstraße. Dieser folgen wir in den Ort Chora. Kurz vor dem Ortseingang überqueren wir das recht stark eingeschnittene Tal über ein gut erhaltenes Viadukt. Im Ortskern **Chora** ❻ haben wir das Ziel der Wanderung erreicht. Zurück geht es mit dem Bus zum **Ausgangspunkt** ❶.

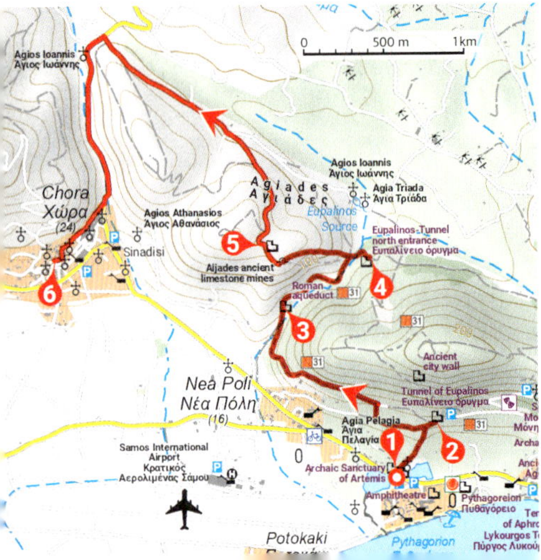

↗ 110 m | ↘ 110 m | 3.3 km

1.15 h

Rundgang durch die historische Oberstadt von Vathy

Auf schmalen Gassen durch Ano Vathy

Auf einer Strecke von nur ca. drei Kilometern bieten sich vielseitige Eindrücke: Wir durchwandern eine schattige, grüne Schlucht, folgen einem eindrucksvollen, historischen Pflasterweg, bestaunen Kirchenbauten des 18. Jahrhunderts, erfreuen uns an einer einmaligen Aussicht auf den Hafen sowie die Bucht von Vathy (Βαθύ) und erkunden Ano Vathy (Άνω Βαθύ) – ein idyllischer Ort, der sein traditionelles architektonisches Erbe und seine beschauliche Ruhe bis heute bewahrt hat. All dies finden wir in unmittelbarer Nähe zum geschäftigen Treiben des Hafenbereichs!

Ausgangspunkt: Uferpromenade in Vathy (Βαθύ). Per Bus, Auto, Taxi, Anhalter oder Fahrrad möglich.
Anforderungen: Einfacher Spaziergang auf einem Wanderweg und schmalen Gassen mit vielen Stufen.
Einkehr: Café To Konaki am oberen Ende von Ano Vathy (Άνω Βαθύ) und zahlreiche Möglichkeiten in Vathy.
Baden: Keine Bademöglichkeit.
Hinweis: Unbedingt zu empfehlen ist der Besuch des Archäologischen Museums mit dem 4,75 m großen Kouros (Skulptur) aus dem Heraion.

Blick auf Samos Stadt, links die Bucht von Samos, rechts der Hausberg.

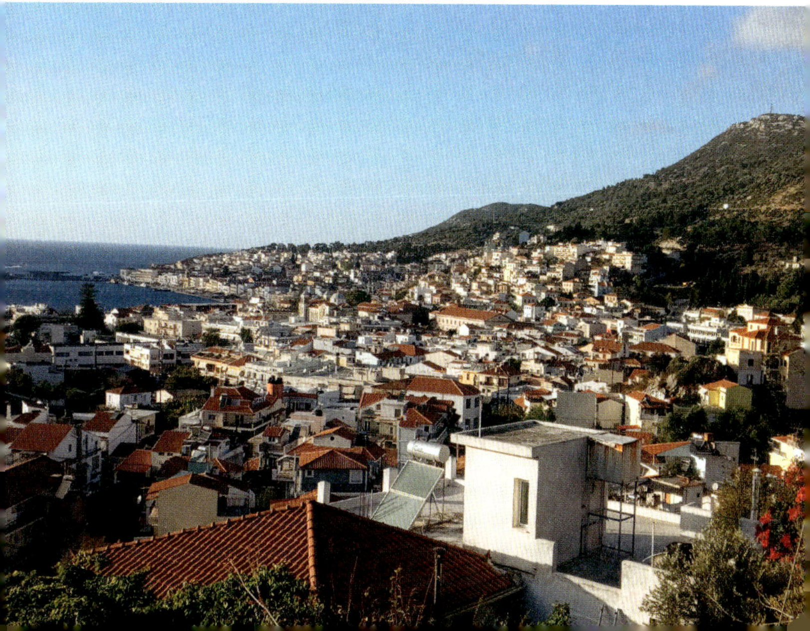

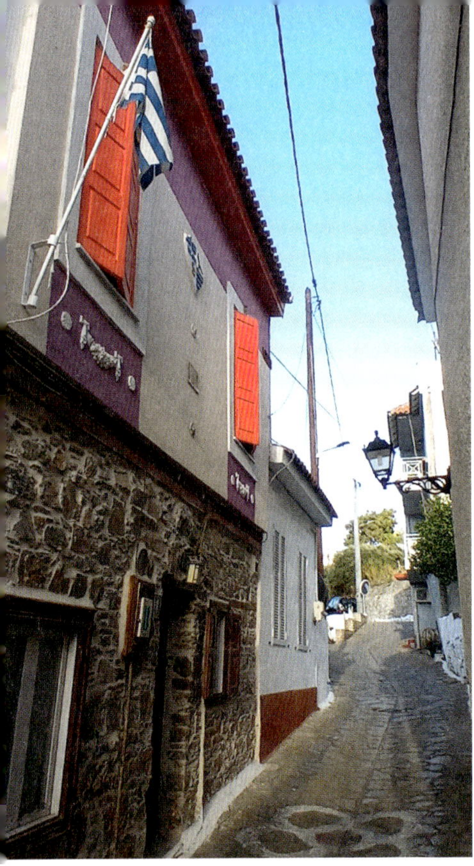

Farbenfrohe Gasse im Zentrum von Vathy.

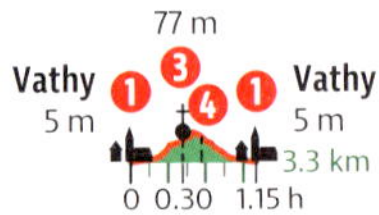

Wir starten an der **Uferpromenade** von **Vathy** ❶ durch den kleinen Park in Richtung Archäologisches Museum und Rathaus. Hinter dem Rathaus biegen wir rechts, dann gleich wieder links und anschließend wieder rechts ab. Die Straße führt uns in Richtung **Ano Vathy**. Bei einer **Platane** ❷ biegen wir aber links ab (Hinweisschild »Vlamari/Βλαμαρη«). Am Ortsende treffen wir auf die Hinweisschilder des Wanderwegs 26, dem wir nun durch ein schattiges Tal folgen. Bald ist die **Kirche** ❸ erreicht. Anschließend geht es kurz steil zu einer Straße hinauf. Wir folgen weiterhin den zahlreichen Markierungen und spazieren jetzt durch die engen Gassen der **Altstadt** ❹ wieder bergab. Rechterhand befindet sich das Freilufttheater (Odeon). Hier finden im August Konzerte und Theateraufführungen während des Manolis-Kalomiris -Festivals statt. Kalomiris wurde 1883 in Smyrna (heute Izmir) geboren und starb 1962 in Athen. Anschließend lohnt sich ein zusätzlicher Abstecher durch das Gassengewirr mit vielen Treppen nach rechts. Dort befinden sich auch zwei sehenswerte Kirchen. Anschließend folgen wir wieder den Markierungen bis zur Kreuzung mit der **Platane** ❷ und schlendern dann wieder auf dem Hinweg ins moderne Zentrum von **Vathy** ❶.

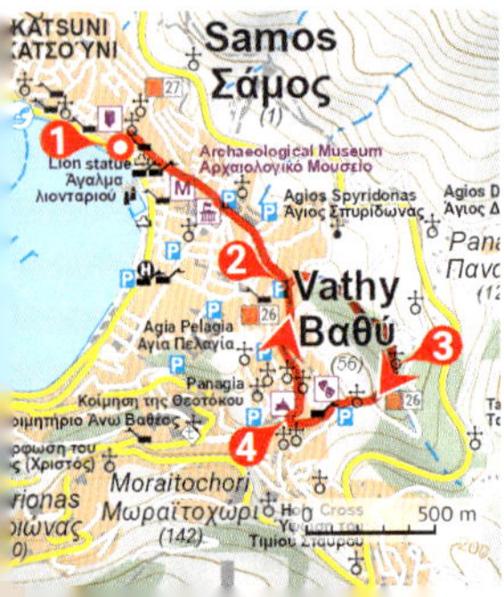

↗ 450 m | ↘ 100 m | 10.8 km

3.30 h

Von Agia Paraskevi zum Kloster Zoodochos Pigi

21

Von den Stränden der Nordküste zum Bergkloster Zoodochos Pigi

Zwei malerische Strände erwarten uns gleich zu Beginn. Anschließend bietet die Tour Naturidylle an der, Richtung Osten immer schroffer werdenden, Nordküste. Anschließend gibt es erstaunlich viel Schatten spendenden Wald (Aleppo-Kiefern) und am Ende mit dem Frauenkloster Zoodochos Pigi (Μονή Ζωοδόχου Πηγής) nicht nur ein kulturelles Highlight, sondern zusätzlich exzellente Ausblicke über die Nord- und Ostküsten von Samos und zur türkischen Küste.

Ausgangspunkt: Agia Paraskevi (Αγία Παρασκευή). Es verkehrt kein öffentlicher Bus. Anfahrt per Auto, Taxi oder per Anhalter möglich.
Endpunkt: Kloster Zoodochos Pigi (Μονή Ζωοδόχου Πηγής). Es verkehrt ebenfalls kein öffentlicher Bus. Zu den Öffnungszeiten des Klosters (10.00–13.00 Uhr und 18.00–20.00 Uhr) findet sich aber meist eine Mitfahrgelegenheit; ansonsten mit dem Auto oder Taxi.
Anforderungen: Einfache Wanderung meist auf Schotterwegen. Zum Schluss gibt es einen steilen Anstieg mit Treppen zum Kloster.
Einkehr: Nur beim Start im Restaurant Amfitriti.
Baden: Beim Startpunkt und noch empfehlenswerter in Asprochorti (Ασπροχόρτι).

Vom Ausgangpunkt **Agia Paraskevi** ❶, einem kleinen Fischerdorf, wandern wir auf der Straße wieder zurück Richtung Vathy. Leider gibt es keinen Wanderweg an der Küste Richtung Osten. Einen kurzen Abstecher nach rechts in die kleine **Bucht** von **Asprochorti** ❷ sollten wir auf jeden Fall einplanen und hier eine Badepause einlegen. Anschließend gehen wir wieder zurück zur Hauptstraße und nach wenigen Metern biegen wir nach links ab. Anfangs ist die Straße noch geteert und es gibt mehrere Häuser und etwas Landwirtschaft (Oliven, Orangen). Dann wird die Küste zunehmend rauer mit immer spektakuläreren Ausblicken bis nach Kuşadası auf dem türkischen Festland. Es folgen ein paar Serpentinen und bald haben wir die Küste verlassen und erreichen eine kleine Hochebene. Am Ende der Hochebene biegen wir links ab. Wir befinden uns jetzt auf dem markierten Wanderweg Nr. 27. Nach wenigen Metern bergab erreichen wir Kamara (Καμαρά). Hier befindet sich eine **Quelle** ❸ und wir können die Wasserflaschen auffüllen. Ein Stück folgen wir nun der Straße nach links. Später schlängelt sich die Zufahrtsstraße zum Kloster den Berg hinauf; wir folgen aber den Hinweisschil-

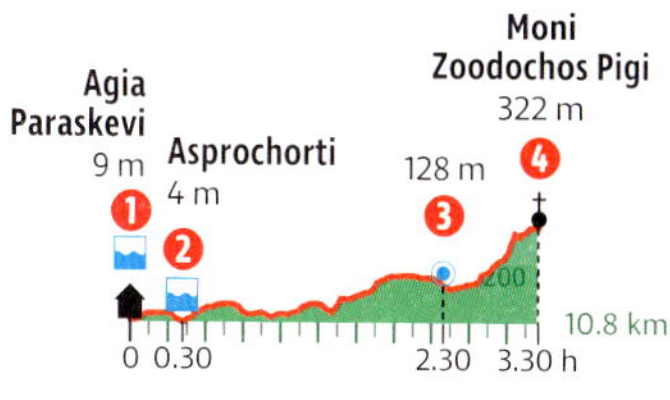

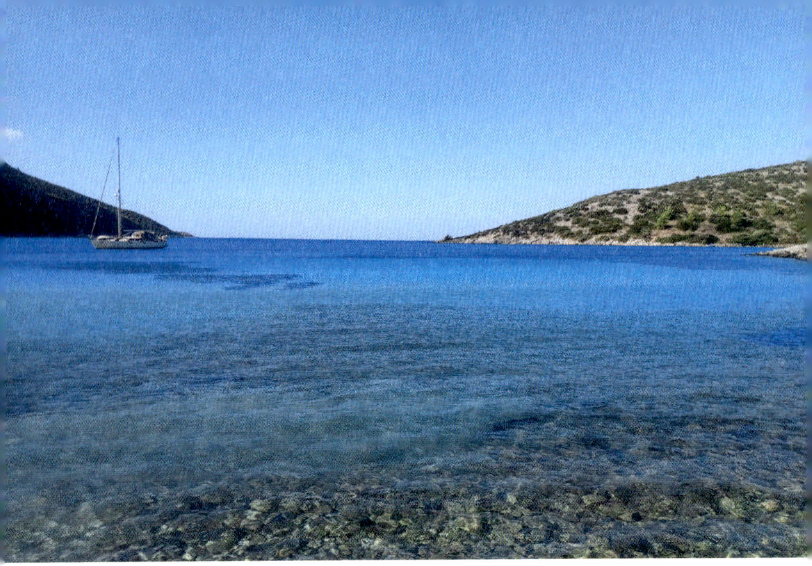

Kristallklares Wasser in der Bucht von Asprochorti.

dern des Wanderweges Nr. 28 und erreichen über viele Treppenstufen auf dem Wanderweg das **Kloster Zoodochos Pigi** ❹. Die Straße wird dabei einmal überquert. Es lohnt sich, hinter dem Kloster noch ein kleines Stück weiter zu einer Kapelle mit Ausblick Richtung Norden zu wandern. Auch außerhalb der Öffnungszeiten ist es in der Regel möglich, das Kloster zu besichtigen (einfach klingeln und fragen).

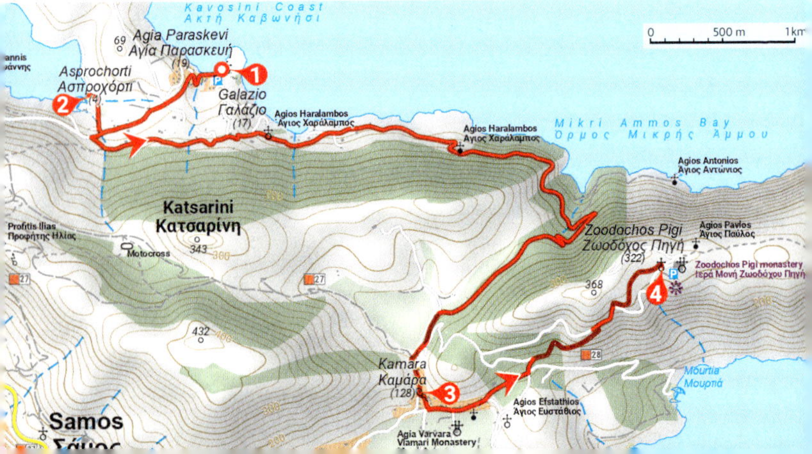

↗ 100 m | ↘ 250 m | 7.4 km

2.30 h

Von Mytilinii nach Kokkari

Vom beschaulichen landwirtschaftlichen Zentrum im Inselinneren an die belebte Nordküste

Der Reiz dieser Streckentour besteht in den Kontrasten. Beim Start steht die Geschichte im Vordergrund. Anschließend bekommen wir einen Eindruck vom Inselinneren, das seit Jahrtausenden landwirtschaftlich genutzt wird. Später bieten sich tolle Ausblicke ins Ambelosgebirge und über die Nordküste. Schließlich tauchen wir am Ende ins belebte Kokkari (Κοκκάρι) ein und können dort ein erfrischendes Bad nehmen und die touristische Infrastruktur nutzen.

Ausgangspunkt: Mytilinii (Μυτιληνιοί). Gute Anbindung mit dem Bus von Samos Stadt/Vathy um 8.00, 10.00 und 12.45 Uhr und Pythagorio um 8.15, 10.05 und 13.00 Uhr.
Endpunkt: Kokkari (Κοκκάρι). Mit dem Bus nach Samos Stadt/Vathy um 13.00, 15.00, 17.30 Uhr oder nach Karlovasi um 12.40, 14.20, 17.20 und 18.20 Uhr.
Anforderungen: Einfache Streckenwanderung auf Schotterwegen.
Einkehr: Am Startpunkt (schönes Café am schattigen Dorfplatz) und etliche Möglichkeiten im touristischen Kokkari.
Baden: In Kokkari.
Hinweis: Das moderne Museum der Naturgeschichte der Ägäis in Mytilinii (Μυτιληνιοί) lohnt einen Besuch. Die ausgestellten Fossilien stammen von hier, weitere Exponate aus den Bereichen Mineralogie, Geologie, Botanik, Zoologie und Volkskunde wurden in ganz Samos und teilweise auch auf anderen Inseln der Ägäis zusammengetragen. Unbedingt telefonisch oder per E-Mail nach den Öffnungszeiten erkundigen: info@nhma.gr bzw. Tel. +30 22730 52055!

Ausblick auf das wolkenverhangene Karvournimassiv von der Passhöhe.

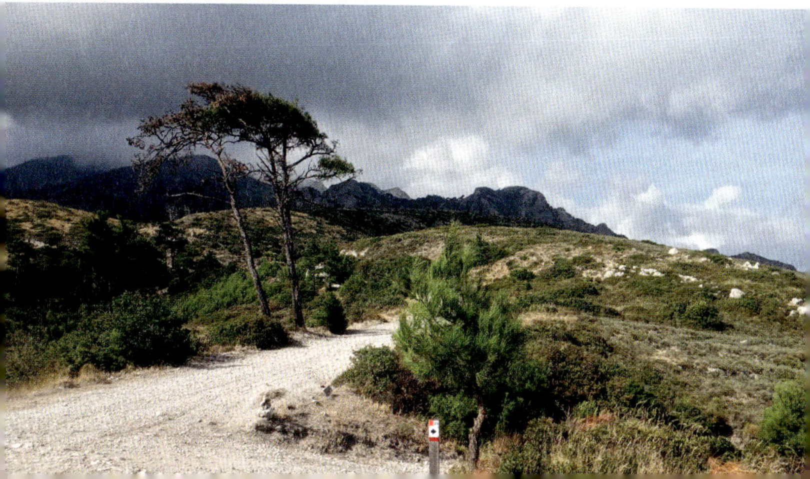

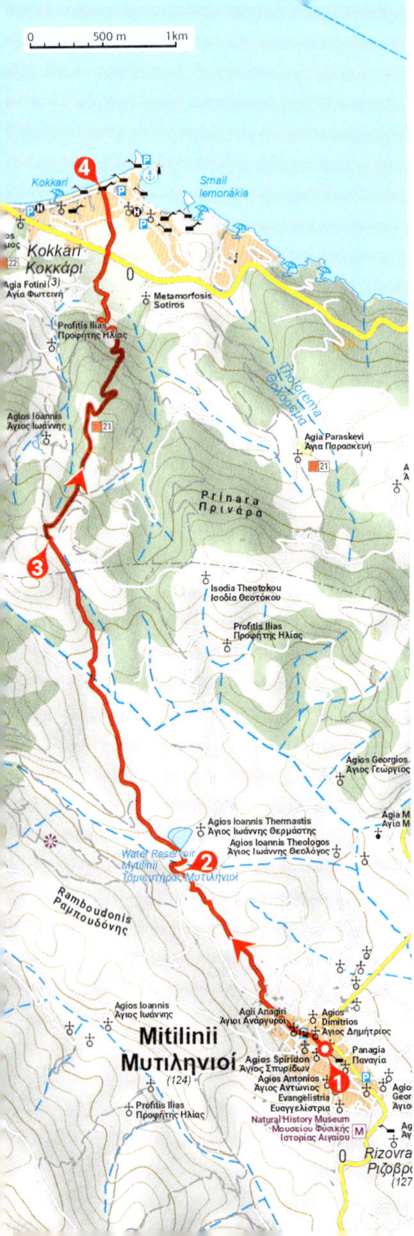

Bevor wir starten, lohnt es sich, das Museum der Naturgeschichte der Ägäis zu besuchen (siehe Hinweis). Außerdem können wir der Hauptstraße Richtung Vathy bis zu einer historischen Brücke von 1870 folgen. Die Steinbogenbrücke wurde von einem englischen Ingenieur erbaut und steht unter Denkmalschutz (zusätzlich 1,8 km).

Von der Platia von **Mytilinii** ❶ wandern wir durch den Ort Richtung Nordwesten an der Hauptkirche des Ortes mit einem markanten Turm vorbei und erreichen bald landwirtschaftlich genutzte Flächen mit Wein- und Olivenanbau. Neuerdings gibt es hier auch eine Photovoltaikanlage. Wir bleiben auf dem Schotterweg und folgen den Hinweisschildern »Kokkari/Κοκκάρι«. Beim **Hinweisschild** ❷ »Theopiito Gefiri/ΘΕΟΠΟΙΗΤΟ« biegen wir rechts ab, um die kleine Schlucht auf der historischen kleinen Steinbrücke zu überqueren. Wir passieren einen kleinen Stausee und erreichen anschließend die **Passhöhe** ❸. Ab hier geht es bis an die Küste auf einer schmalen Schotterstraße nur noch bergab. Der Weg ist mit der Nr. 21 markiert und verläuft meist im Schatten der Aleppokiefern. Zum Schluss geht es kurz durch landwirtschaftlich genutzte Fläche, wir überqueren die Hauptstraße und erreichen **Kokkari** ❹.

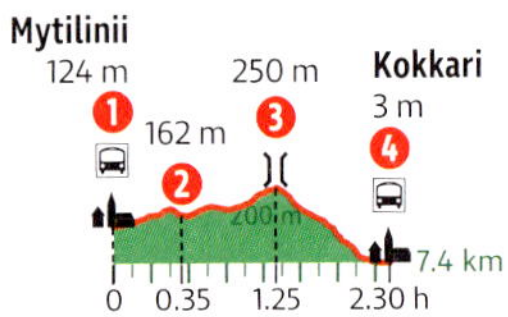

↗ 450 m | ↘ 450 m | 23.9 km

7.00 h

Von Kerveli nach Pythagorio

Lange Küstenwanderung im äußersten Südosten von Samos

Neben den zahlreichen Kies- und Sandstränden in malerischen, meist noch wenig verbauten Buchten bietet diese Tour immer wieder Ausblicke auf die türkische Küste. Sobald wir einen Strand verlassen, können wir die Natur meist allein genießen; dann gibt es aber auch bald wieder die Möglichkeit, einzukehren und zu baden. Je nach Lust und Laune kann die Tour komplett begangen oder schon vorher abgebrochen werden. Das Einzigartige der Route ist das Feuchtgebiet von Alyki (Αλυκή), das im Sommer meist ausgetrocknet ist, während es von Herbst bis Frühling zur Heimat einer Vielzahl von Flamingos wird, die hier den Winter verbringen.

Ausgangspunkt: Kerveli (Κέρβελη). Anreise mit dem Auto oder Taxi.
Endpunkt: Pythagorio (Πυθαγόρειο). Zurück kann man den Bus nehmen.
Anforderungen: Lange Wanderung mit recht wenig Schatten meist auf Forstwegen oder direkt am Strand.
Einkehr: In allen Orten entlang der Route.
Baden: Es gibt unzählige Bademöglichkeiten. Sehr schöner Strand beim Start. Der Strand von Sideras (Σιδεράς) und natürlich der perfekte Sandstrand Psili Ammos (Ψιλή Άμμος) sind besonders attraktiv.
Hinweis: Die Strecke kann auf zwei Tage aufgeteilt oder verkürzt werden.

Psili Ammos in der Nachsaison. Von hier sind es weniger als drei Kilometer bis zum türkischen Festland.

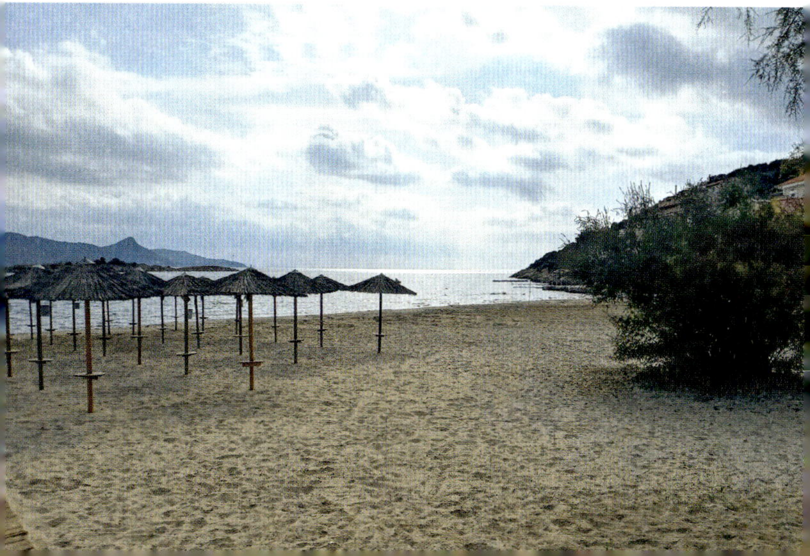

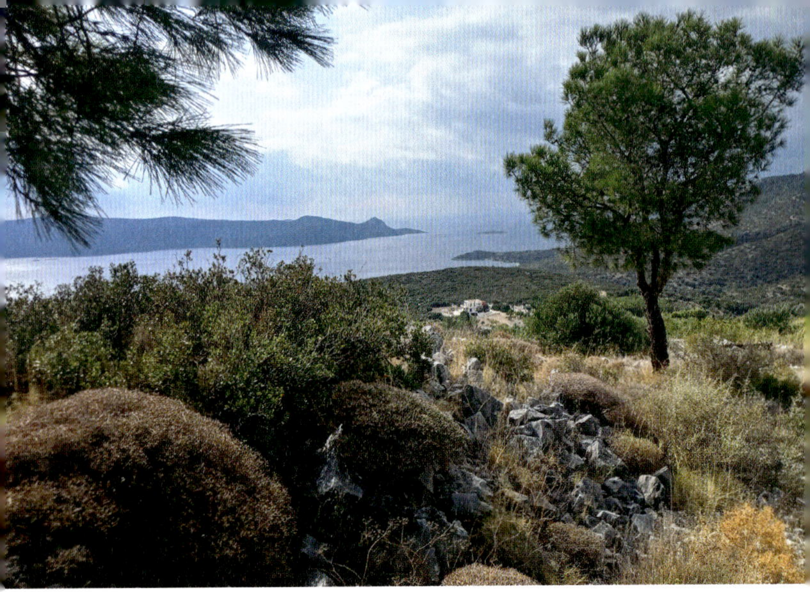

Blick auf die Südspitze der türkischen Dilek-Halbinsel (Naturparadies und militärisches Sperrgebiet).

Am Ende der **Bucht** von **Kerveli** ❶ beginnt der Wanderweg Nr. 30, dem wir heute großteils folgen. In der nächsten Bucht ist der Wanderweg allerdings kurzzeitig unterbrochen und wir müssen vor einem Haus, das bis ans Meer reicht, eine Böschung hoch und erreichen dann einen steilen Betonweg, dem wir bis zu einer Straße folgen. Hier biegen wir gleich wieder links auf einen Schotterweg ab, um den östlichsten Berg von Samos zu besteigen. Wir folgen der Beschilderung bis zur Straße oberhalb von Posidonio (Ποσειδώνιο), biegen bei einer scharfen Rechtskurve aber nicht in den Ort ab, sondern wandern geradeaus weiter bis an den Strand Sideras. Anschließend müssen wir ein kurzes Stück zurück und biegen dann links auf einem Schotterweg ab, der uns zur Kapelle Agios Nikolaos führt. Von

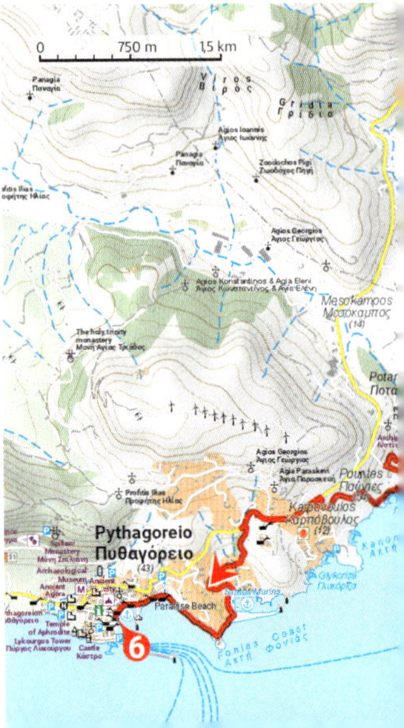

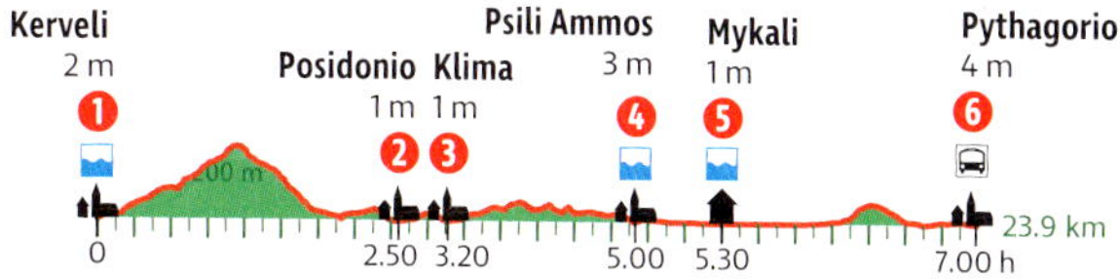

hier gelangen wir über Treppen nach **Posidonio** ❷ (Ποσειδώνιο). Hier folgen wir der Küste und müssen kurz die Schuhe ausziehen, weil der Wanderweg neben einer Mauer durch seichtes Wasser führt. Anschließend wandern wir auf einer schmalen Teerstraße bis nach **Klima** ❸ (Κλήμα). Danach folgen wir der Schotterpiste oberhalb der hier steilen Küste. Spätestens in **Psili Ammos** ❹ haben wir uns wieder eine Badepause verdient. Nach dem Ort wandern wir kurz auf der Hauptstraße und erreichen wenig später die Bucht von Mykali. Hier verlassen wir die Straße und wandern nun mehrere Kilometer direkt am Strand entlang bis zum Ende der Bucht. In **Mykali** ❺ besteht die Möglichkeit zur Einkehr. Ab der Kapelle Panagia folgen wir einem schmalen Pfad und biegen bei einem Haus von der Küste ab (Vorsicht, bissige Hunde!) und erreichen das Hotel Glicorisa Beach. Ab hier ist es nicht möglich, der Küste zu folgen. Deshalb biegen wir rechts zur Hauptstraße ab, wo wir uns links halten und nach 700 m wieder links auf eine steilen Betonstraße zum Sportboothafen von Pythagorio abbiegen. Von hier folgen wir der Schotterstraße direkt an der Küste bis nach **Pythagorio** ❻.

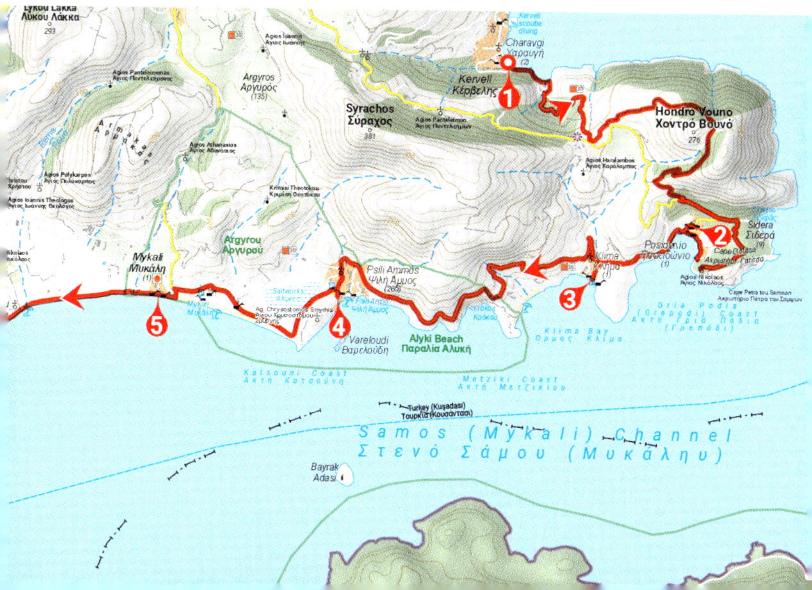

Ikaria

Der Name »Ikaria« entstammt einer alten Legende der griechischen Mythologie. Die Insel soll ihren Namen von Ikarus erhalten haben, dem Sohn des Daidalos, der hier auf der Flucht, aus dem Labyrinth des Minotaurus auf Kreta kommend, tragisch ins Meer stürzte. Die von seinem Vater angefertigten Wachsfedern schmolzen, weil er der Sonne zu nahe kam.
Die Insel ist für ihre heißen Quellen bekannt und allein aus diesem Grund bereits einen Besuch wert. Sie zeichnet sich durch ihre schroffen Gebirge aus, die bis zu 1000 m hoch aufragen und sogar alpine Wandertouren ermöglichen. Trotz ihrer natürlichen Schönheit und der vielfältigen Wandermöglichkeiten wird Ikaria nur von einem kleinen Flugplatz bedient und ist damit nicht Zielort für Massentourismus und Charterflüge.
Die Insel ist eine der weltweit anerkannten »Blue Zones« – Orte, an denen Menschen überdurchschnittlich alt werden. Diese Langlebigkeit wird mit einem gesunden Lebensstil, einer ausgewogenen Ernährung und einem starken Gemeinschaftssinn in Verbindung gebracht. Die anderen »Blue Zones« umfassen unter anderem Regionen in Sardinien, Okinawa, die Nicoya-Halbinsel und Loma Linda in Kalifornien. Der Begriff »Blue Zone« wurde

Hafen von Magganitis mit dem felsigen Atherasgebirge im Hintergrund.

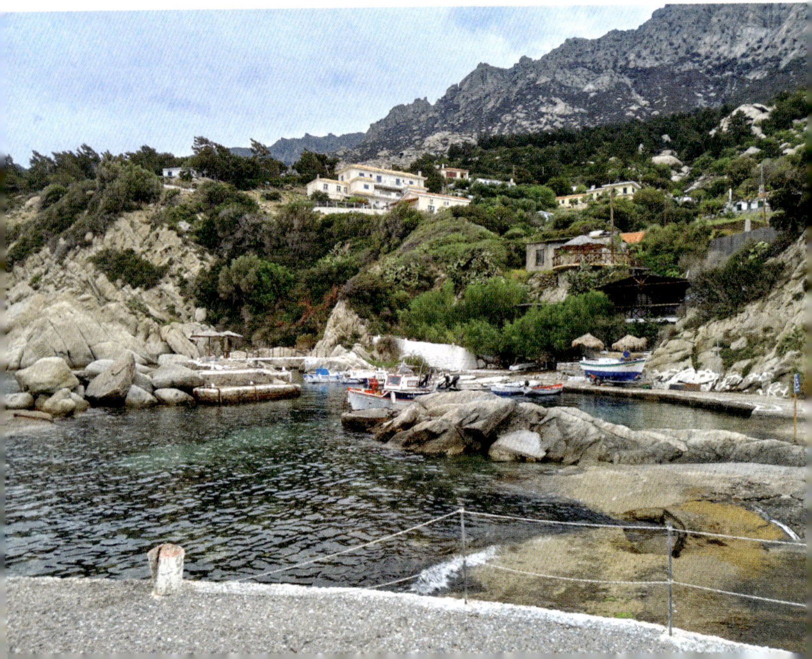

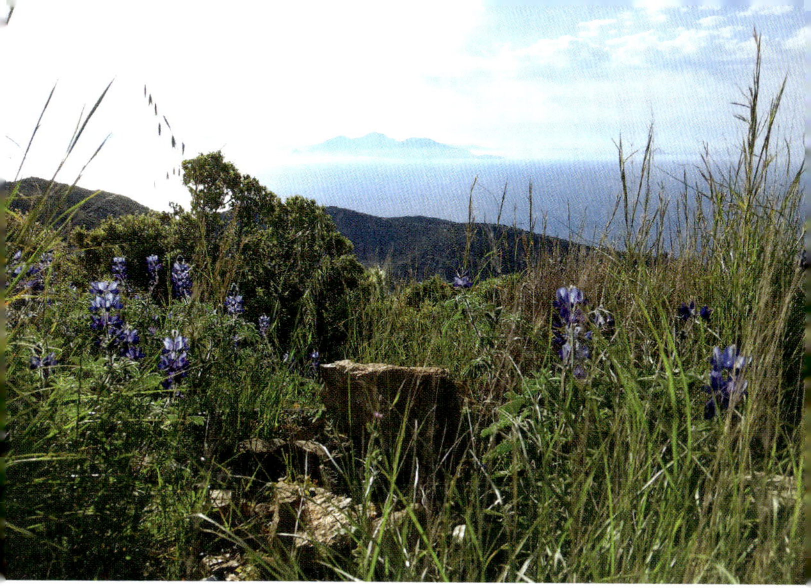

Lupinen im Mai – Ikaria ist jetzt nicht nur grün, sondern hat auch ein Blumenkleid angelegt.

von dem Forscher Dan Buettner geprägt, der diese Gebiete ursprünglich mit blauem Stift auf einer Karte markierte.

Im Gegensatz zu vielen anderen ägäischen Inseln verfügt Ikaria über eine reichhaltige Vegetation und Wälder, die besonders im Frühling zur Geltung kommen. In dieser Jahreszeit sind die vielen Wasserfälle der Insel ein überraschendes und beeindruckendes Naturschauspiel. Diese natürlichen Ressourcen und die von den meisten Besuchern bevorzugte Anreise mit dem Schiff tragen zu der besonderen Atmosphäre Ikarias bei, die Besucher in eine Welt abseits der hektischen Modernität entführt.

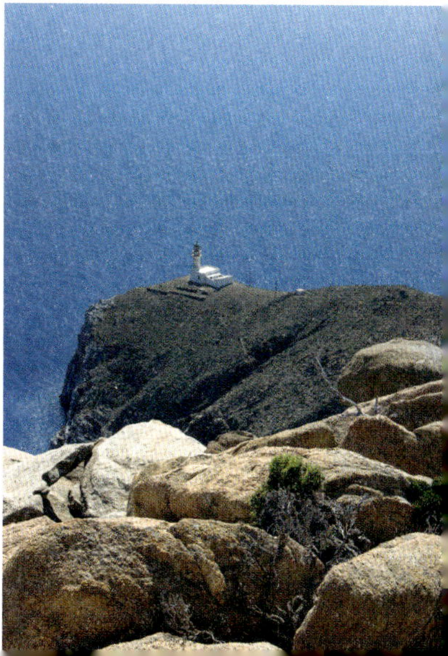

Das Kap Papas mit dem Leuchtturm.

↗ 320 m | ↘ 320 m | 8.4 km

2.45 h

24 Zum Kap Fanari

Rundwanderung im äußersten Osten Ikarias

Wir genießen auf dieser vielfältigen Wanderung am östlichsten Zipfel Ikarias (Ικαρία) den idyllischen Strand bei Fanari (Φανάρι), unberührte FKK-Strände und historische Stätten und beeindruckende Ausblicke auf dem Gipfel der Vigla (Βίγλα). Wir erleben eine anregende Strandwanderung kombiniert mit schmalen Wanderpfaden, gekrönt von einem erfrischenden Bad in der malerischen Bucht von Iero (Ιερό). Den Abschluss der Tour bildet der Panoramablick von den Überresten einer italienischen Festung aus dem Zweiten Weltkrieg auf die umliegenden Inseln.

Ausgangspunkt: Fanari (Φανάρι) bzw. Faros (Φάρος). Mit dem Auto oder Fahrrad. Per Anhalter ebenfalls sehr gut möglich, wenn man die Abflugzeiten am Flughafen beachtet.
Anforderungen: Der Beginn ist etwas mühsam wegen des Steinstrandes und einer ganz kurz weglosen Passage. Dann geht es auf gut erkennbaren Wanderwegen und Schotterpisten weiter.
Einkehr: Restaurant Psarotaverna Leonidas, restaurantguru.com/I-taverna-toy-Leonida-Ikaria.
Baden: Da die Tour teilweise direkt am Strand verläuft, gibt es ständig Bademöglichkeiten. Teilweise (Lakkoma und Drakanostrand) gibt es offizielle FKK-Strände. Besonders schön ist der Strand in der Ierobucht.
Variante: Beim Rückweg kann der Gipfel der Vigla (Βίγλα) ausgelassen werden. Die Tour verkürzt sich dann um 2,5 km.

Wir starten in **Fanari** ❶ (**Faros** ist ebenfalls eine übliche Ortsbezeichnung) beim Restaurant Psarotaverna Leonidas direkt am Strand Richtung Osten. Tamarisken bieten anfangs etwas Schatten. Etwas mühsam geht es am steinigen Strand voran. Nach 600 m, beim **Kap Kalomeria** ❷ (Ακρωτήρι Καλομεριάς), müssen wir zwischen den Felsen und dem Meer über Steine balancieren. Die folgenden Strandabschnitte Lakkoma und Drakano sind im Hochsommer bei Nudisten sehr beliebt. Nach weiteren 800 m am Strand können wir die Kleidung wieder anziehen. Der Strand endet bei weißen Felsen. Hier klettern wir ca. 10 m hoch – von unten sieht es schwieriger aus als es ist – und erreichen ein kleines Wadi, dem wir 50 m folgen. An geeigneter Stelle biegen wir rechts im weglosen Gelände ab und erreichen nach 150 m einen Schotterweg ca. 50 Hm oberhalb. Wir verlassen den Schotterweg gleich wieder nach rechts (Hinweisschild »Agios Georgios Beach«). Der Weg verzweigt sich bald. Es lohnt sich, zur **Kapelle Agios Georgios** ❸ (Άγιος Γεώργιος) abzusteigen. Auch die Strände unmittelbar nach der Ka-

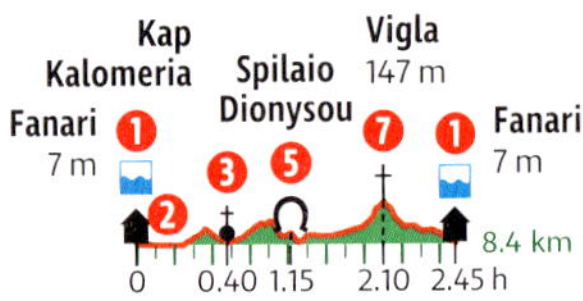

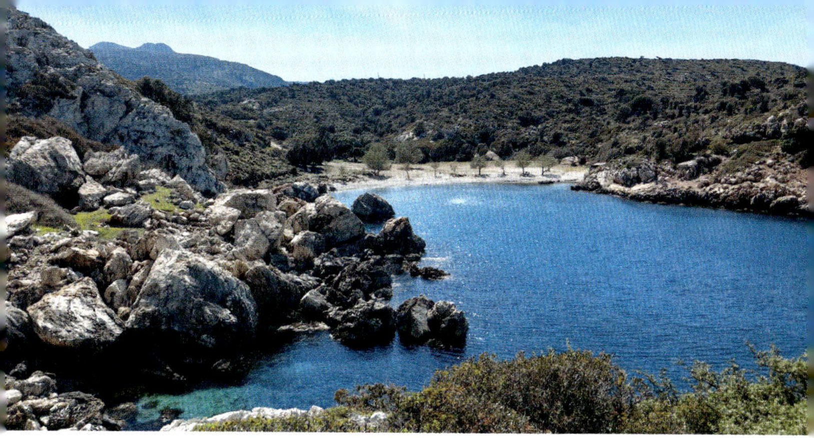

Die Ierobucht mit malerischem Strand. Oberhalb in den Felsen liegt die Dionysoshöhle.

pelle sind sehr lohnend. Bis zur Abzweigung gehen wir zurück und steigen dann zum **Drakanos-Turm** ❹ auf. Das Gelände ist umzäunt und kann außer donnerstags von 9 bis 15:30 Uhr kostenlos besichtigt werden. Bereits im 4. Jh. vor Chr. wurden hier Festungsanlagen angelegt. Wir folgen jetzt einem Schotterweg und verlassen den Weg bald nach links (verwittertes Hinweisschild). Der Fußweg ist viel begangen und mit roten Punkten markiert. Das Gelände wird zunehmend felsiger und steiler und bald erreichen wir die **Höhle des Dionysos** ❺ (Σπήλαιο Δυόνυσου). Unterhalb liegt der malerische **Strand Iero** ❻ (Ιερό). Hier bietet sich eine Badepause an, bevor wir auf dem Fahrweg neben dem Flughafen und einem Militärposten vorbei zurück Richtung Fanari gehen. Nach 600 m zweigt links ein Fahrweg bergan ab. Wer die Tour hier schnell beenden möchte, geht geradeaus weiter und erreicht nach 400 m den **Ausgangspunkt** ❶. Es lohnt sich aber, links abzubiegen und bei einem Sattel nochmals links auf einem Pfad zum Gipfel der **Vigla** ❼ aufzusteigen. Neben dem fantastischen Rundblick auf den Flughafen, den östlichsten Teil von Ikaria und die Nachbarinseln Fourni und Samos, können wir hier die Reste eines italienischen Militärpostens aus dem Zweiten Weltkrieg besichtigen.

Bis zum Sattel steigen wir auf dem Hinweg ab und folgen dann der Schotterstraße. Die erste Abzweigung nach links Richtung Fanari ignorieren wir. 100 m weiter geht es auf einer Treppe direkt hinunter zum **Ausgangspunkt** ❶.

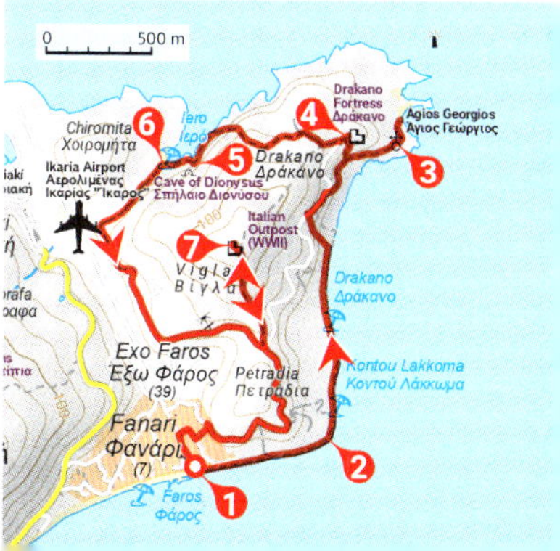

↗ 620 m | ↘ 620 m | 10.2 km

4.30 h

25 Kammtour im Atherasgebirge

Ausblicke vom Atherasgebirge, dem Rückgrat der Insel und Einblicke in steile Felswände

Wir erleben eine aussichtsreiche Tour, die uns vom Pass bei der Kapelle Agios Dimitros (Άγιος Δήμητρος) über Bergkämme und durch spärliche Vegetation führt. Die Ruhe in der Natur, die allenfalls von einer Ziegenherde gestört wird und die Kapellen Agios Efstratios (Άγιος Ευστράτιος) und Agios Georgios (Άγιος Γεώργιος) prägen den Mittelteil der Wanderung. Ein besonderer Aussichtspunkt unter schroffen Felswänden und das Überwinden kleinerer Hindernisse runden dieses Wandererlebnis ab.

Ausgangspunkt: Kapelle Agios Dimitros (Άγιος Δήμητρος). Anreise mit dem Auto. Parken am Ausgangspunkt.
Anforderungen: Anspruchsvolle Bergwanderung ausschließlich auf schmalen Bergpfaden. Beim Abstieg zur Kapelle Agios Georgios (Άγιος Γεώργιος) ist die Orientierung nicht ganz einfach.
Einkehr: Keine. Zwei Quellen auf dem Rückweg nach der Kapelle Aghios Georghios.
Baden: Keine Bademöglichkeit.

Wir starten bei der **Kapelle Agios Dimitros** ❶ direkt am Pass. Ein Wegweiser und rote Punkte markieren anfangs den schmalen Pfad ausreichend. Nach 300 m erreichen wir einen weiteren Sattel mit Wegweisern. Links ist ein kleiner Stausee zu sehen, rechts eine Felswand. Spätestens hier werden wir die ersten Ziegen sehen (andere Wanderer werden wir dagegen wahrscheinlich nicht treffen). Wir folgen dem Bergkamm Richtung Osten. Wegspuren und rote Markierungen gibt es nicht mehr; die Orientierung ist aber einfach, das Gelände fällt nach Süden steil und nach Norden sanft ab. Wir halten uns immer im Kammbereich. Aufgrund der spärlichen Vegetation kommen wir auch im weglosen Gelände leicht voran. Nachdem wir den **Pounta** ❷ (Πούντα), 906 m, überschritten haben (oder nördlich umgangen haben), erreichen wir den nächsten Sattel. Hier sehen wir nördlich des nächsten **Gipfels** ❸, der ebenfalls unschwer weglos erstiegen werden kann, die Kapelle Agios Efstatios. Wir steigen hier über den steilen Nordhang bis zur Kapelle Agios Georghios ab. Beim Abstieg gehen wir zunächst unterhalb der Felsen zurück in Richtung Südwesten. Dann folgen wir einem alten Hirtenpfad auf einem steil abfallenden Nebenkamm. Etwa 200 Hm oberhalb der Kapelle schwenkt der Pfad nach links (auf rote Punkte achten!) und führt dann nach einigen kurzen Ser-

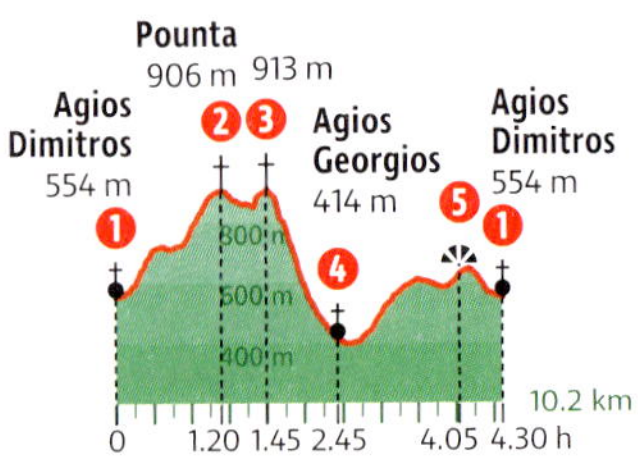

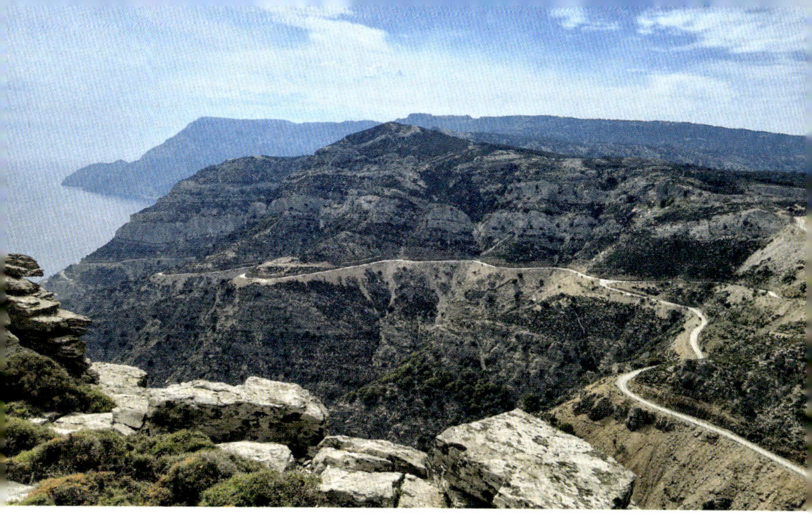

Ausblick vom Mikri Pounta auf die schroffe Südküste von Ikaria.

pentinen weniger steil zur **Kapelle Agios Georgios** ❹. Hier folgen wir kurz dem Zufahrtsweg zunächst bergab und biegen nach 200 m rechts auf einen Fahrweg ab. Der Weg führt uns an zwei Häusern vorbei und geht bald in einen Hirtenpfad über, der nun im steilen Gelände den Nordhang unterhalb der Felswände traversiert. Zunächst leicht ansteigend, später auf gleicher Höhe bleibend, erreichen wir einen nicht mehr genutzten Olivenhain und anschließend einen **Aussichtspunkt** ❺ direkt unterhalb der schroffen Felswände. Durch einen Felssturz ist hier der Weg verschüttet und wir müssen ein paar Felsbrocken überklettern. Anschließend geht es unschwierig weiter zum nächsten Sattel. Von hier legen wir die letzten 200 m auf dem Hinweg zurück zum **Ausgangspunkt** ❶.

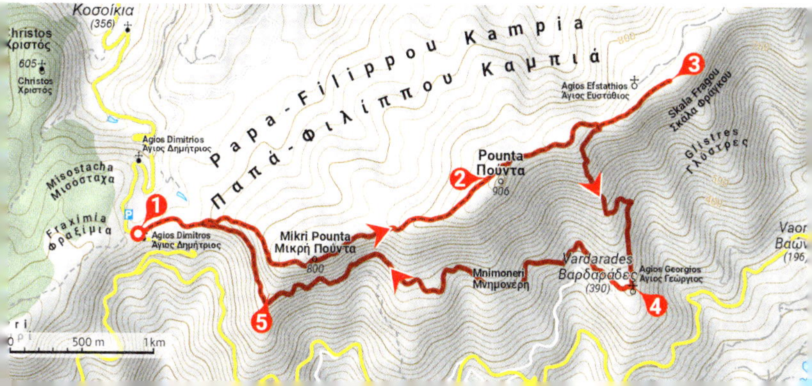

TOP

26 Von der Nord- zur Südküste

↗ 1000 m | ↘ 1000 m | 19.7 km

7.45 h

Konditionell sehr anspruchsvolle Inselüberquerung mit vielen Bademöglichkeiten

An einem sehr langen Wandertag werden hier fast alle Arten von Naturschönheiten geboten, für die Ikaria bekannt ist. Der Start erfolgt bei einer der schönsten Buchten der Insel. Die üppige Vegetation und die atemberaubenden Wasserfälle in der Chalaresschlucht (Φαράγγι Χαλάρες) sind nur über einen anspruchsvollen Pfad zu erreichen. Die eindrucksvolle Aussicht auf die schroffe Südküste sowie die Nachbarinseln lässt sich am Ende der Tour nur genießen, wenn man über ausreichend Kondition verfügt. Eine verkürzte Variante der Tour durch die Chalaresschlucht ist aber auch sehr lohnend!

Ausgangspunkt: Nas (Νας) bzw. Kato Raches (Κάτω Ράχες). Am besten per Anhalter, Auto oder Taxi anreisen.
Endpunkt: Magganitis (Μαγγανιτης). Zurück geht es per Taxi oder Anhalter.
Anforderungen: Nicht nur konditionell, sondern vor allem in der Charalesschlucht (Φαράγγι Χαλάρες) auch technisch anspruchsvolle Wanderung. Lohnend ist es aber auch, nur die Teilstrecke durch die Charalesschlucht zu begehen und nach Nas zurückzukehren.
Einkehr: Taverne Nas, Restaurants in Magganitis. Übernachtungsmöglichkeiten in Nas und Magganitis.
Baden: Traumhafter Sandstrand in Nas. Mehrere Möglichkeiten in den Gumpen in der Charalesschlucht. Unterhalb des Ryakas-Wasserfalls (Καταρράκτης Ρυάκας) und am Ende der Tour in Magganitis.
Hinweis: Sinnvoll ist es, eine Übernachtung in Magganitis einzuplanen, um keine Zeitprobleme am Ende der Tour zu bekommen.

Wir starten in **Nas** ❶ oberhalb der Bucht bei der Taverne Nas. Die wenigen Meter zur malerischen Bucht abzusteigen, ist nicht nur wegen der Bademöglichkeit, sondern auch wegen der Ruinen des Artemistempels zu empfehlen. Zurück von unserem Abstecher folgen wir vom Restaurant der Straße nach Karkinagri (Καρκινάγρι) bis zur alten Brücke über den Chalaris (Χάλαρης), den wir jedoch nicht überqueren. Frösche und üppige Ve-

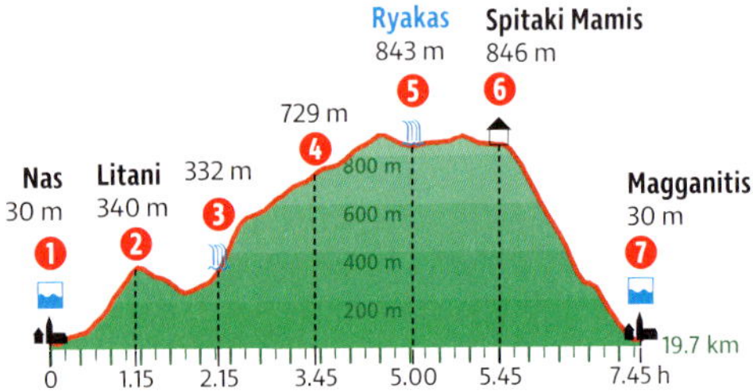

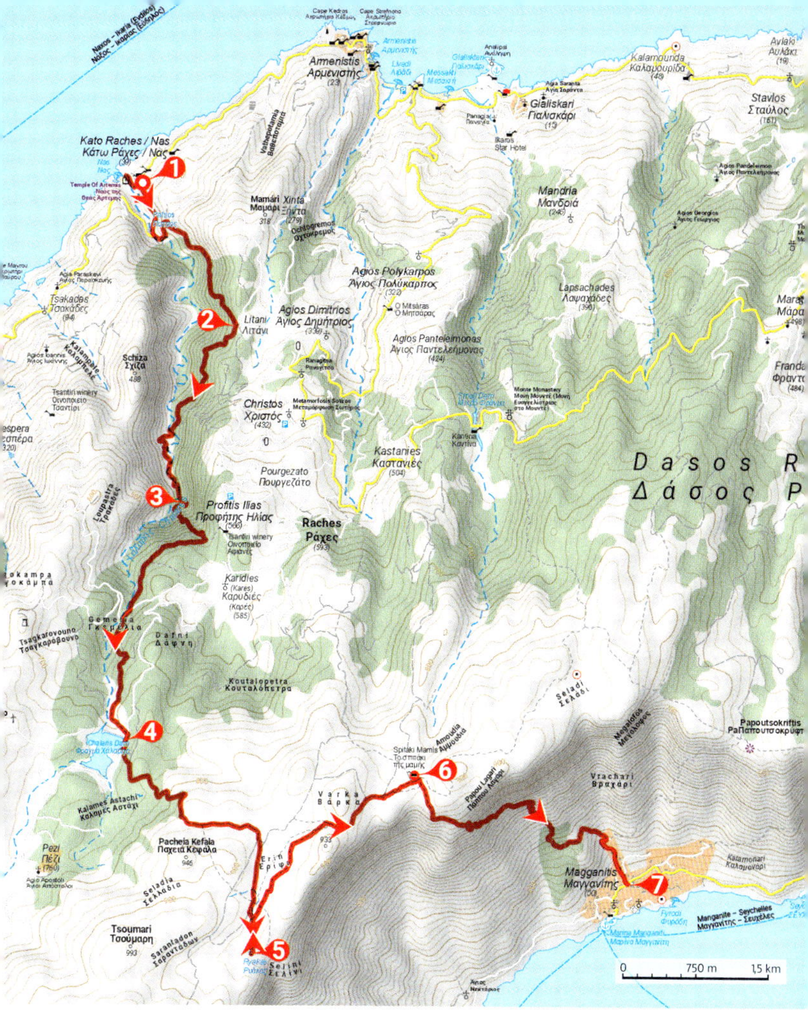

getation weisen darauf hin, dass hier ganzjährig Wasser fließt. Der Pfad ist anfangs durch große Felsen recht anspruchsvoll. Schon nach wenigen Metern steigt der Pfad links aus dem Tal an und nach 300 m ist eine Kreuzung mit Hinweisschildern erreicht. Wir folgen dem Hinweis »Trail in Chalares Canyon« (Φαράγγι Χαλάρες) und steigen weiter bis an den Ortsrand von **Litani** ❷ (Λιτάνη) auf. Rote Punkte und schwarze Gummirohre (zur Wasserversorgung) dienen uns als Orientierung. Beim nächsten Wegweiser könnten wir bereits links abbiegen und die Wanderung in Litani bzw. Agios Dimitros (Άγιος Δήμητρος) beenden. Wir folgen aber dem Hinweis »Chalares Canyon«. Leicht absteigend erreichen wir den Fluss, den wir hier überqueren. Ein Seil hilft uns beim Balancieren über die Steine. Der Weiterweg ist anspruchsvoll und bietet fantastische Badegumpen und viele kleine Wasserfälle. An einer Stelle helfen uns Stahlseile bei einem kurzen Fels-aufschwung. Das Tal verzweigt sich; wir überqueren mehrmals den Bach, folgen dann dem linken Bachlauf und verlassen das Tal bald darauf steil ansteigend nach rechts. Der Weg ist gut mit roten Punkten markiert. Anschließend ist ein kurzer Abstecher nach links möglich (Hinweisschild), um den höchsten **Wasserfall** ❸ der Insel zu besichtigen. Der Weg wendet sich bald nach rechts und das Gelände wird weniger steil, ist aber weiterhin dicht bewaldet. Hier ist auf die rote Markierung besonders aufmerksam zu achten. Wir überqueren eine geteerte Straße, steigen anschließend wieder etwas steiler und dann weniger steil bis zum Damm des Chalaresstausees auf. Wir erreichen die linke Seite des **Stausees** ❹ und folgen nur wenige Meter dem Schotterweg, bevor wir links abbiegen. Der Fußweg steigt jetzt mäßig durch den Kiefernwald an; wir können auch dem Schotterweg folgen, der mit einigen Serpentinen etwas länger ist. Bald erreichen wir den Waldrand und wenig später eine Hochebene. Wenn noch ausreichend Zeit und Kraft vorhanden sind, ist der Abstecher zum **Ryakas-Wasserfall** ❺ unbedingt zu empfehlen. Bis in den Frühsommer fließt hier so viel Wasser,

Zentrum von Magganitis.

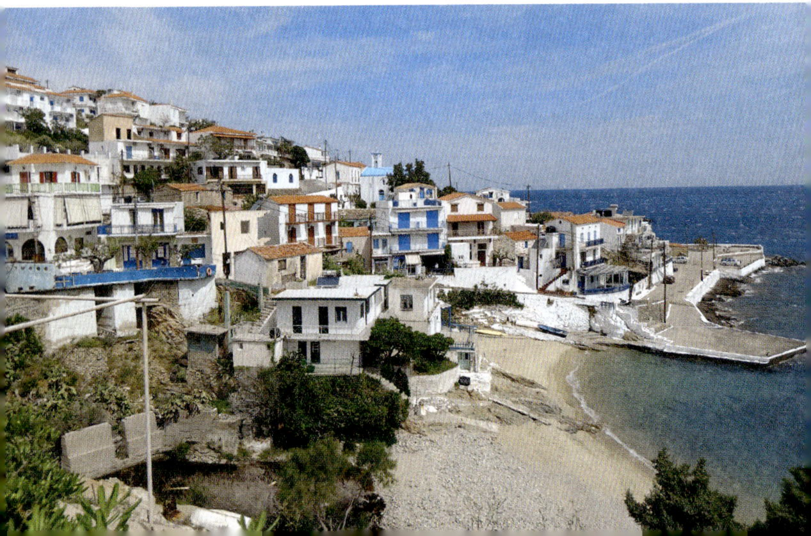

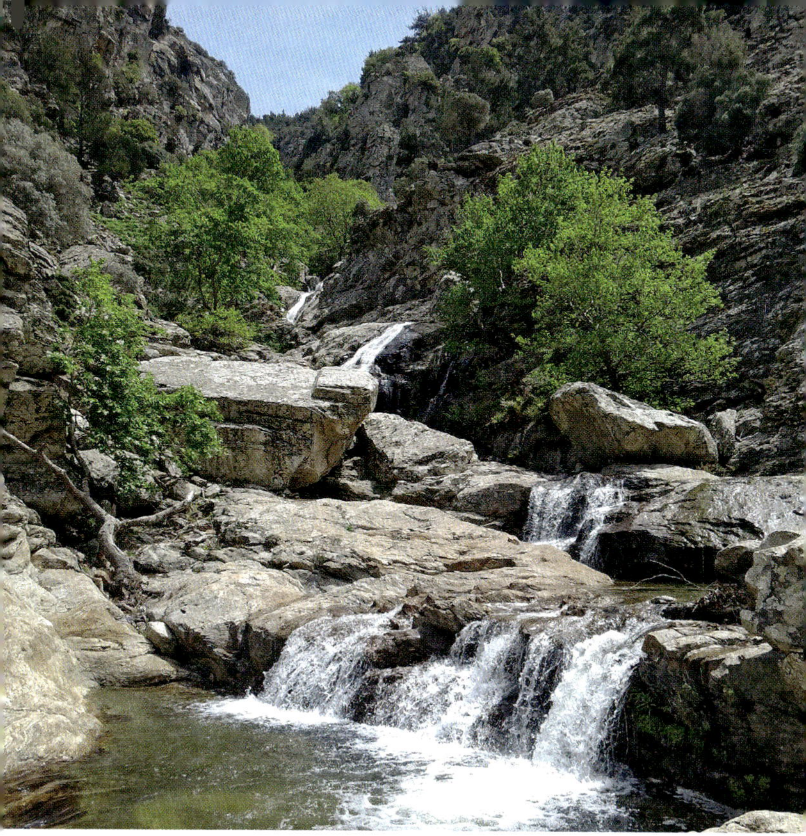

In der Chalaresschlucht.

dass sogar ein erfrischendes Bad unterhalb des Wasserfalls möglich ist. Der Weg ist ausreichend mit roten Punkten markiert und im letzten Teil steil und steinig (Hin- und Rückweg ab Wegweiser 45 Min.). Der sehr gut markierte Weg führt uns nun über die Hochebene zu einem Sattel und anschließend zur kleinen **Spitaki-Mamis-Hütte** 5. Diese Hütte wurde für die Hebamme aus Magganitis angelegt, die regelmäßig nach Agios Dimitros wanderte und damit auf halber Strecke einen Wetterschutz/Notbiwak nutzen konnte. Beim Abstieg nach **Magganitis** 6 nutzen wir ebenfalls diesen alten Verbindungsweg mit tollen Ausblicken über die schroffe Südküste und bei guten Sichtverhältnissen bis zu den Nachbarinseln Patmos und Fourni.

↗ 175 m | ↘ 175 m | 8.5 km

2.30 h

27 Rundwanderung durch Agios Kirykos

Kirchen, tolle Ausblicke und eine heiße Quelle im Ortsgebiet von Agios Kirykos

Diese Tour durch Agios Kirykos (Άγιος Κήρυκος) bietet einen Einblick in die Schönheit der Stadt. Wir wandern bergauf, vorbei an markanten Kapellen und friedlichen Friedhöfen und lernen die berühmten heißen Quellen, eine einzigartige natürliche Attraktion, kennen. Die Suche nach den perfekt temperierten Badestellen kann herausfordernd sein, macht aber auch den Charme des Ortes aus. Abschließend bietet die Küstenstraße einen entspannten Rückweg mit Blick auf den idyllischen Hafen von Agios Kirykos.

Ausgangspunkt: Hafen von Agios Kirykos (Άγιος Κήρυκος). Die Anreise entfällt in der Regel, da man in Agios Kirykos wohnt. Im Hauptort der Insel und im benachbarten Therma (Θερμα), das mit dem Bus erreichbar ist, gibt es ausreichend Unterkünfte.
Anforderungen: Leichte Rundwanderung, großteils auf befestigten Straßen.
Einkehr: Obwohl es ausschließlich durch besiedeltes Gebiet geht, gibt es nur im Zentrum etliche Restaurants und Cafés. Zum Essen empfiehlt sich die bei Einheimischen sehr beliebte Pizzeria Filoti in der Seitenstraße parallel zur Hauptstraße.
Baden: Am Ende der Tour bei der heißen Quelle. Anschließend gibt es noch mehrere schöne Strände vor dem Hafen von Agios Kirykos.
Hinweis: Die Tour eignet sich hervorragend, um einen ersten Eindruck von Ikaria und der Inselhauptstadt Agios Kirykos zu bekommen.

Wir starten am Hafen von **Agios Kirykos** ❶ und passieren das Reisebüro (Icariada Travel). Hier befindet sich auch der Sitz der Forstbehörde, die sich um die Aufforstung der Insel bemüht und versucht, Interessenskonflikte mit den Besitzern der Ziegen zu lösen. Hier steigen wir kurz über Treppen hoch, halten uns anschließend links und passieren die größte Kirche des Ortes. Anschließend biegen wir zweimal rechts auf Teer- bzw. Betonstraßen ab. Wir folgen den Hinweisschildern »PYRGOS/ΠΥΡΓΟΣ« stetig bergauf und passieren mehrere Autowracks. Die nächste Kirche ist bald schon oberhalb zu erkennen. Wir biegen auf der ersten größeren Straße rechts ab und kurz darauf wieder rechts. Kurz nach der ersten Kirche erreichen wir über eine Treppe einen **Friedhof mit Kapelle** ❷. Am Eingang zweigt etwas unscheinbar rechts ein Fußweg ab, der uns zur oberhalb liegenden kleinen Kirche führt. Hier folgen wir der Straße kurz bergab, gehen bei der ersten Serpentine geradeaus und steigen über Treppen zwischen den Häusern zur Straße ab. Hier gibt es

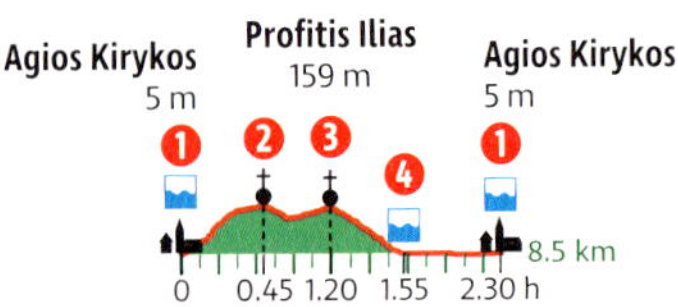

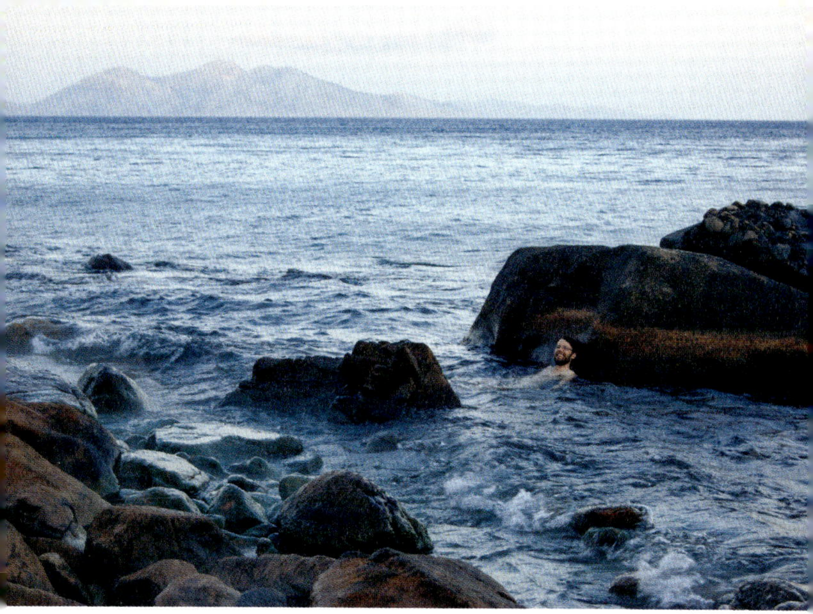

Florian sucht bei den heißen Quellen nach dem perfekt temperierten Platz – eine gar nicht so leichte Aufgabe.

eine Ferienwohnung, die ganzjährig vermietet wird. Wir folgen der Straße nach rechts; der markante Hügel mit der **Kapelle Profitis Ilias** ❸ (Προφήτης Ηλίας) ist unser nächstes Ziel. Anschließend gehen wir auf der zur Küste abfallenden Straße bis zur Kreuzung und biegen hier rechts ab. Nach 100 m führt uns ein gut ausgebauter Fußweg zum steinigen Strand (Hinweisschild »Hot Springs«). Nach 100 m am Strand erreichen wir die **heißen Quellen** ❹. Es ist gar nicht so einfach, eine geeignete Badestelle mit wohltemperiertem Wasser zu finden. Auf der Küstenstraße gehen wir anschließend am Kraftwerk vorbei, zurück zum Hafen von **Agios Kirykos** ❶. Wer nicht bei den heißen Quellen baden möchte, findet hier mehrere schöne Steinstrände.

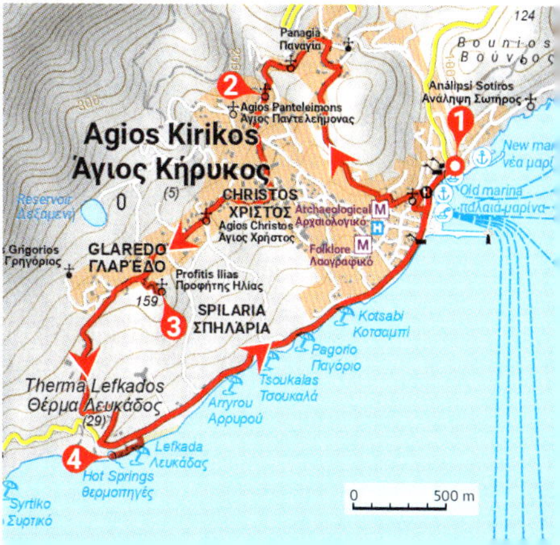

↗ 500 m | ↘ 200 m | 6.3 km

28 Von Karkinagri zum Kap Papas

3.00 h

Küstenwanderung durch skurrile Felsformationen zum Leuchtturm am Kap Papas

Wir folgen auf dieser anspruchsvollen Wanderung ab Karkinagri (Καρκινάγρι) der schroffen Küstenlinie und passieren dabei skurrile Felsformationen. Diese Strecke, obwohl teilweise schwer zugänglich, bietet einzigartige Erlebnisse. Zwischen Felsen hindurchzukommen kann herausfordernd sein, doch wir werden mit erfrischenden Bademöglichkeiten in kristallklarem Wasser belohnt. Der Weg ist oft kaum erkennbar, aber trotzdem sehr gut mit roten Markierungen versehen. Die Wanderung führt zum Leuchtturm am Kap Papas (παπα) und anschließend zur Straße hinauf.

Ausgangspunkt: Karkinagri (Καρκινάγρι). Entweder mit dem Auto oder Fahrrad anreisen. Etwa 15 Parkplätze am Restaurant.
Endpunkt: Straße zwischen Kalamos (Κάλαμος) und Karkinagri. Die Rückkehr nach Karkinagri erfolgt am besten per Anhalter!
Anforderungen: Trotz der kurzen Strecke aufgrund der Höhenmeter und des anspruchsvollen Weges nicht zu unterschätzen. Der Ab- und Aufstieg zum Leuchtturm kann bei Zeit-, Konditions- oder Motivationsproblemen entfallen.
Einkehr: Restaurant To Steki tou Nikola am Ausgangspunkt.
Baden: Auf den ersten 2,5 km bieten sich mehrere Badestellen mit kristallklarem Wasser an. Am Kap Papas (Φάρος Πάπα) gibt es keine Bademöglichkeit.

Wir starten in **Karkinagri** ❶ beim Restaurant To Steki tou Nikola. Wir folgen der Küstenlinie Richtung Westen durch den Ort an der Zimmervermittlung vorbei und erreichen bald das letzte Haus des Ortes. Ein Hinweisschild (»2 h to the Cape/KAPO PAPA«) markiert den Abzweig nach links. Der folgende Wanderweg ist sehr gut mit roten Punkten markiert, teilweise aber etwas zugewachsen. Einheimische haben hier die skurrilen Felsformationen für ihre Behausungen genutzt. Bei einem **Autowrack** ❷ erreichen wir

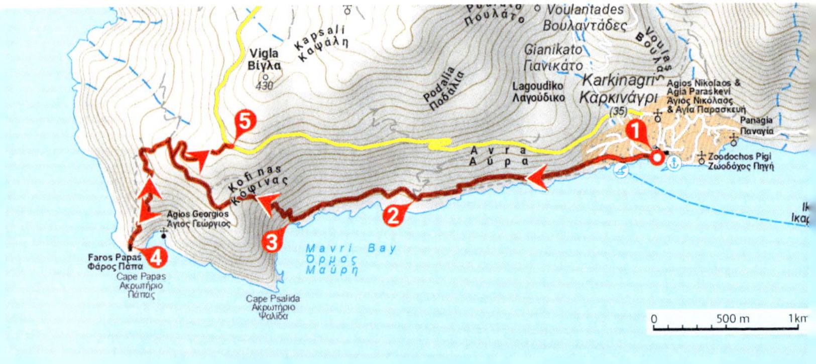

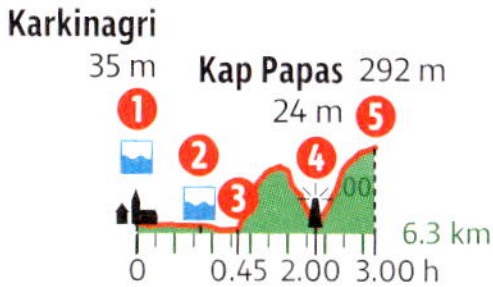

einen Fahrweg, dem wir 500 m folgen. Jetzt wird der Weg noch anspruchsvoller und wir müssen uns teilweise zwischen den Felsen hindurchzwängen. Zunächst bleibt der Weg in Küstennähe und bei einer kleinen felsigen **Bucht** ❸ bietet sich die letzte Badegelegenheit. Anschließend steigt der Weg steil an. Wegspuren sind kaum auszumachen; die zahlreichen roten Farbpunkte erleichtern aber die Orientierung im von Felsblöcken durchsetzten Gelände. Schatten gibt es hier kaum noch. Wir erreichen einen Schotterweg, dem wir 150 m folgen. Wer noch das Kap Papas mit dem Leuchtturm besichtigen möchte, steigt hier links ab. Der Weg zum Leuchtturm ist ebenfalls gut mit roten Punkten markiert. Bis zur Kapelle Agios Geogios abzusteigen, ist nicht zu empfehlen. Der Weg existiert nicht mehr und im steilen Gelände besteht teilweise Absturzgefahr. Vom **Leuchtturm** ❹ steigen wir auf dem Hinweg bis zur Schotterstraße, folgen dieser und passieren ein einsames Haus. Hier werden Gänse und Schafe gehalten. Nach weiteren 250 m haben wir die **Straße** ❺ erreicht. Bitte das Tor am Beginn der Schotterstraße schließen!

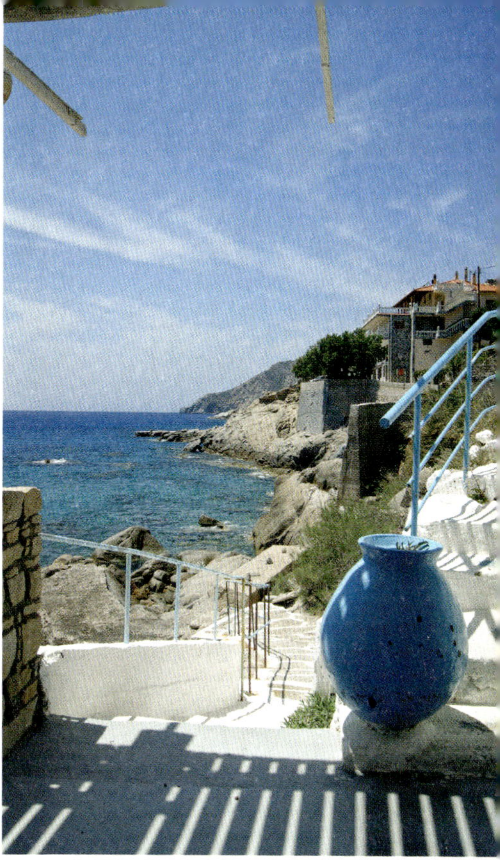

Karkinagri – im Hintergrund ist bereits das Kap Papas zu sehen.

Bild Seite 94: Behausung am Wegesrand. Nicht die einzige faszinierende Steinformation bei dieser Tour.

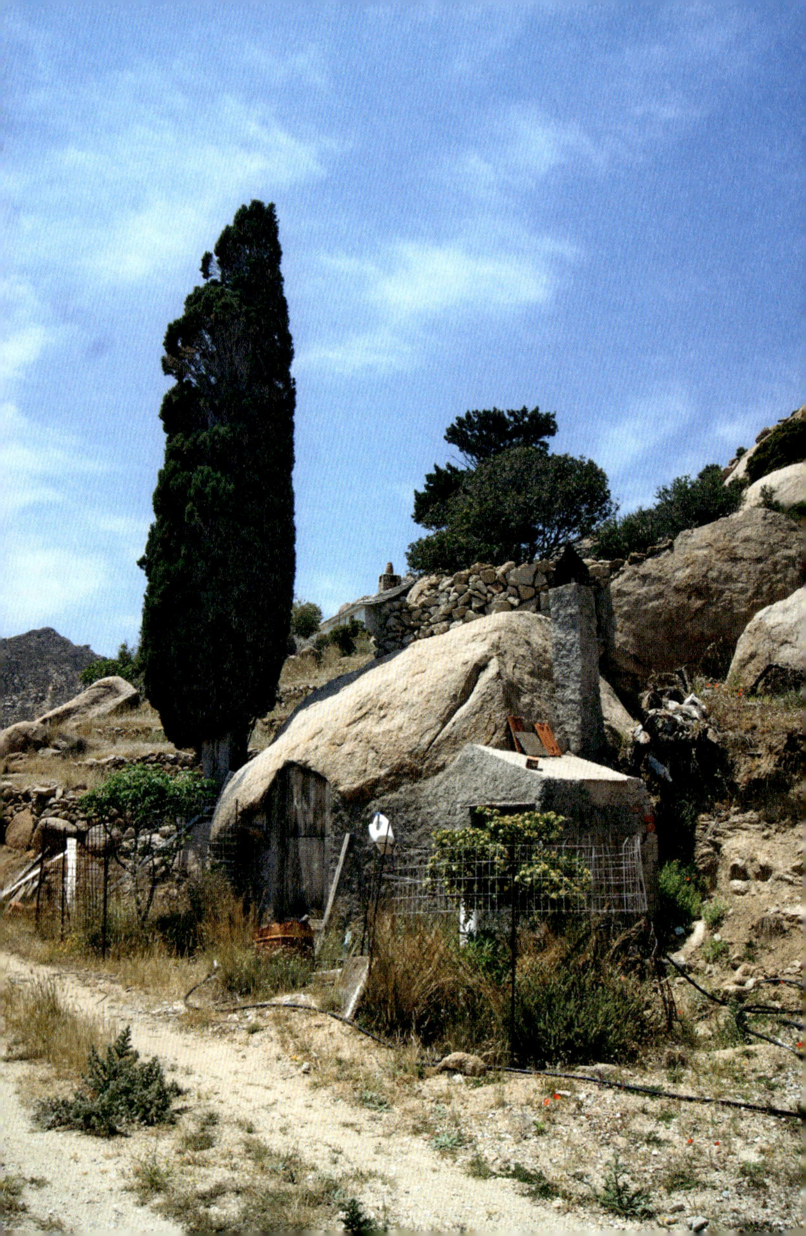

↗ 640 m | ↘ 820 m | 12.5 km

6.00 h

Auf den höchsten Gipfel von Ikaria

29

Sehr anspruchsvolle Kletterpartie im Atherasgebirge

Diese Wanderung hat es in sich! Am felsigen Kamm des Atherasgebirges wird es richtig luftig. Weniger erfahrene Wanderer können trotzdem den höchsten Punkt der Insel besteigen und anschließend eine einfachere Variante dieser Tour gehen. Da wir bereits auf 450 m Seehöhe starten, sind die konditionellen Herausforderungen wesentlich geringer als bei Tour 3. Die Ausblicke auf die gesamte Insel und bis nach Samos und Ikaria muss man sich aber trotzdem erst »verdienen«.

Ausgangspunkt: Mavrato (Μαυράτο). Anreise mit dem Auto, Taxi oder per Anhalter.
Endpunkt: Christosomos (Χριστοσωμος). Abreise mit dem Auto, Taxi oder per Anhalter.
Anforderungen: Kletterstellen im unteren Iler-Bereich. Erfahrung im felsigen Gelände ist unbedingt erforderlich. Die Schwierigkeiten liegen am Kamm zwischen dem Efanos und dem westlich gelegenen 1020 m hohen Gipfel. Der Aufstieg zum Efanos ist dagegen nicht ausgesetzt und erfordert keine Kletterfähigkeiten.
Einkehr: Keine.
Baden: Keine Bademöglichkeit.
Variante: Aufstieg zum Efanos, zurück zum Sattel nördlich davon und von dort Abstieg nach Norden nach Karavostamo.
Hinweis: Wer nur den Efanos besteigen will, kann von dort wieder nach Mavrato oder interessanter nach Norden absteigen.

Wir starten in **Mavrato** ❶ oberhalb von Agios Kirykos (Άγιος Κήρυκος). Rote Punkte weisen bereits hier den Weg. Bald können wir die Betonstraße verlassen und eine Serpentine über Treppen abkürzen und die kleine Kirche besichtigen. Anschließend geht der Weg in einen Schotterweg und rasch in einen Wanderweg über. Der Weg führt zunächst durch Steineichenwälder und bald über freies Gelände stetig bergan zum ehemaligen **Kastell** ❷. Hier sind allerdings kaum noch Überreste zu erkennen. Weiterhin ist der Weg gut mit roten Punkten markiert und führt uns nun zu einem Sattel nördlich des Hauptkammes. Hier besteht die Möglichkeit, nach Nordwes-

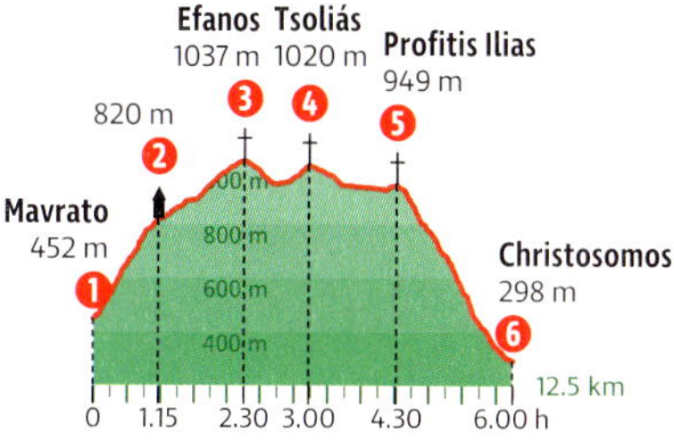

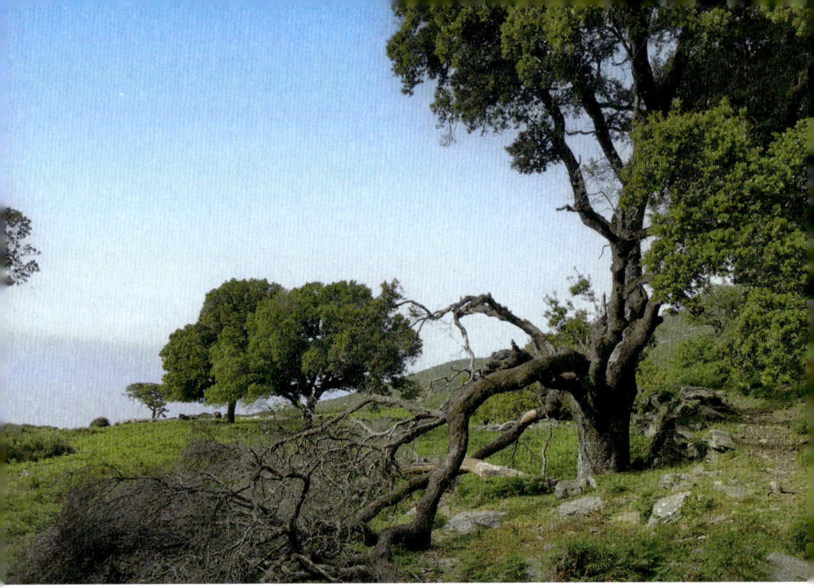

Korkeichen auf der Südseite des Atherasgebirges.

ten in Richtung Karavostamo abzusteigen. Wir halten uns aber links, steigen weiter in einfachem freien Gelände an. Wegspuren oder rote Punkte gibt es hier seit der Abzweigung nicht mehr, die Wegfindung zum nahen Gipfel **Efanos** ❸, 1037 m, ist aber klar ersichtlich. Die flache zweigipflige höchste Erhebung der Insel bietet bei entsprechenden Sichtverhältnissen fantastische Ausblicke. Bis hierher bietet die Tour keine Schwierigkeiten. Die Fortsetzung der Tour auf dem Grat Richtung Westen ist aber nur erfahrenen, trittsicheren und schwindelfreien Wanderern zu empfehlen. Der Grat wird zunehmend felsig. Die erste felsige Erhebung wird direkt überquert. Der zweite Felsturm wird rechts (nördlich) umgangen und an der folgenden Scharte halten wir uns wieder direkt am Grat. Ab hier gibt es Steinmänner, die den Weg markieren. Der folgende 1020 m hohe Gipfel des **Tsoliás** ❹ wird wieder rechts umgangen und kann von Norden mit einiger Kraxelei im freien Gelände erstiegen werden. Anschließend wird der Kamm flacher und eine Steinmauer markiert den Kammbereich. Bald gibt es wieder einzelne rote Markierungen und am Sattel vor dem 949 m hohen **Profitis Ilias** ❺ steigen wir links nach Süden ab (Hinweisschilder). Der alte Hirtenpfad ist sporadisch mit roten Punkten markiert, aufgrund der Steinmauern aber gut zu erkennen. Nach wenigen Serpentinen führt der Weg leicht bergan Richtung Westen, bevor es in vielen Serpentinen und immer dichteren Steineichenwäldern hinab nach **Christosomos** ❻ geht.

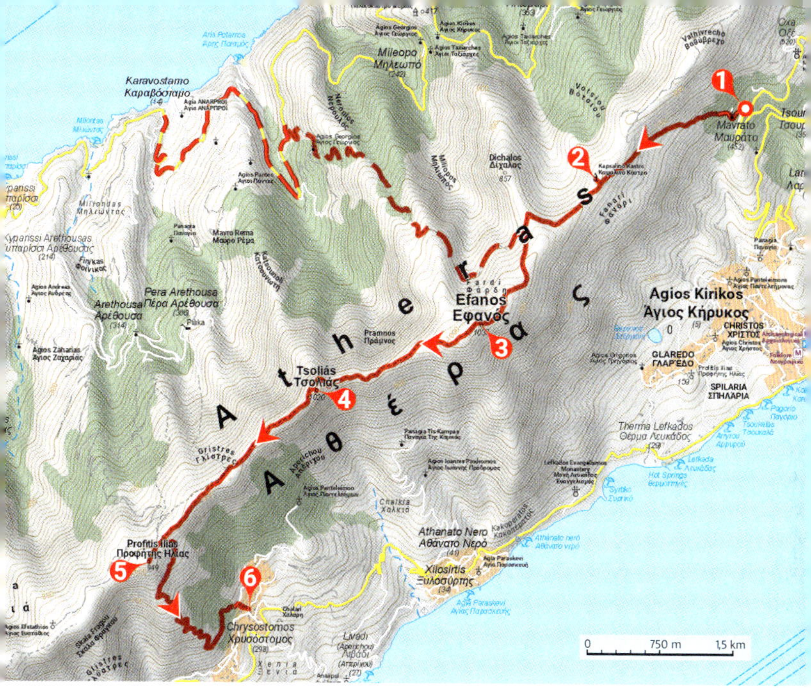

Blick vom Kamm des Atherasgebirges nach Norden.

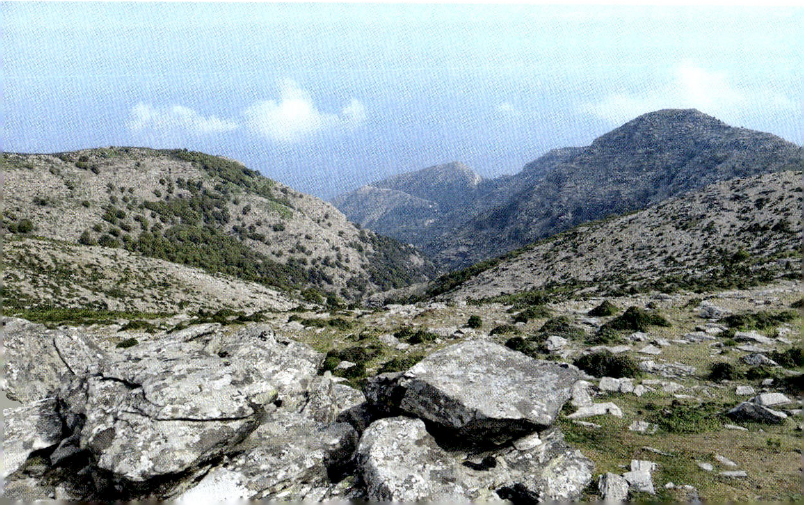

↗ 130 m | ↘ 50 m | 4.5 km

30 Von Agios Kirykos über Therma zum Nealiastrand

1.45 h

Kurze Küstenwanderung mit tollen Ausblicken und einem alten Stollen

Auf dieser kurzen Wanderung erkunden wir die verborgenen Schätze an der Küste östlich von Agios Kirykos (Άγιος Κήρυκος). Wir folgen der felsigen Küste, entdecken heilige Stätten, verlassene Minen und atemberaubende Strände, und lassen uns von den Ausblicken auf die Ägäis begeistern. Die heißen Quellen von Therma (Θερμα) sollten wir unbedingt kennenlernen. Am Ende der Tour können wir nochmals am Nealiastrand baden.

Ausgangspunkt: Agios Kirykos (Άγιος Κήρυκος). Die Anreise entfällt in der Regel, da man in Agios Kirykos wohnt. Im benachbarten Therma (Θερμα), das mit dem Bus erreichbar ist, gibt es auch ausreichend Unterkünfte.
Endpunkt: Hauptstraße bei Nealia (Νεαλία). Abreise per Anhalter oder mit dem Taxi. Natürlich kann man auch auf der wenig befahrenen Straße oder dem Hinweg zurückkehren.

Anforderungen: Trittsicherheit auf schmalen felsigen Wegen erforderlich. Keine konditionellen Anforderungen.
Einkehr: Am Ausgangspunkt viele Restaurants und Cafés. Mehrere Restaurants in Therma (Θερμα). Wir empfehlen das Ziegenfleisch im Steakhaus an der Hauptstraße, 200 m vom Strand.
Baden: Bei den heißen Quellen in Therma oder am Sandstrand von Therma. Einsamer ist es am Strand von Nealia.

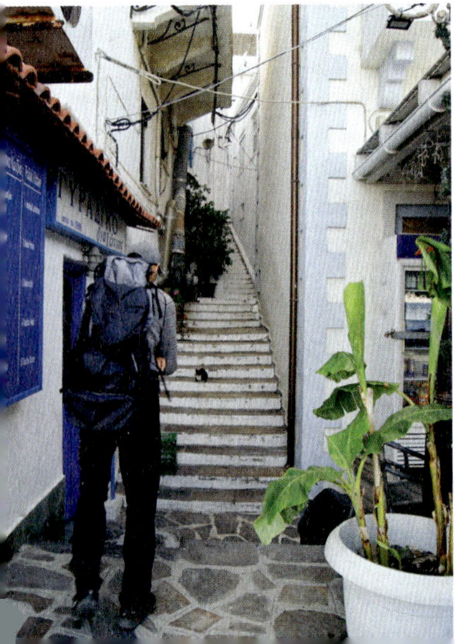

Vom Hafen von **Agios Kirykos** ❶ wenden wir uns rechts und verlassen die Hauptstraße über eine kurze Treppe. Rechter Hand passieren wir die Polizeistation. Die schmale Betonstraße steigt jetzt kurz steil in einer Serpentine an. Wir folgen der Straße oberhalb der Küste durch bebautes Gebiet und besichtigen die oberhalb der felsigen Küste liegende **Analipsi-Kirche** ❷. Bei einer Weggabelung halten wir uns rechts und erreichen auf dem steil abfallenden Betonweg **Therma** ❸. Im Ort biegen wir links ab. Nach wenigen Metern folgen wir einem Pfad nach rechts steil hangaufwärts. Bald

Der Autor (Jochen Wagner) im Zentrum von Agios Kirykos.

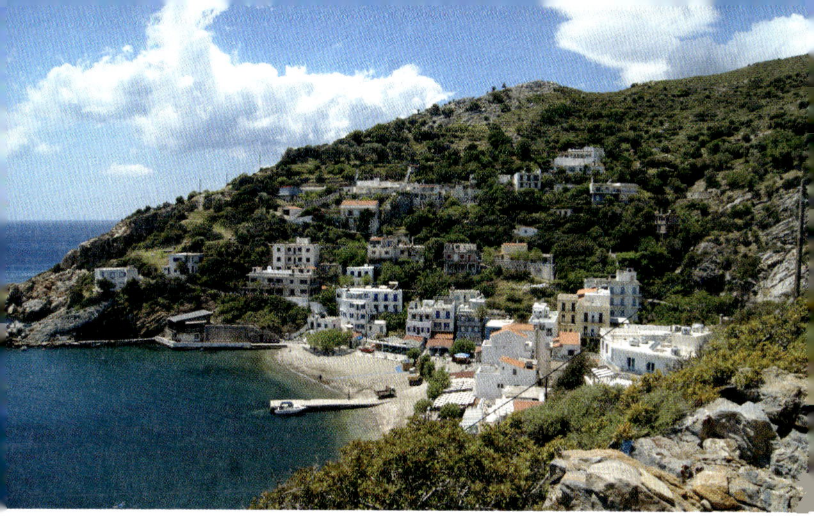

Blick zurück nach Therma.

helfen uns blaue Pfeile bei der Orientierung. Es bieten sich immer wieder spannende Ausblicke zum Meer. 800 m nach Therma erreichen wir einen aufgelassenen **Stollen** ❹ links des Weges. Wir folgen den blauen Markierungen entlang der Küste weiter ohne nennenswerte Auf- oder Abstiege. Bald ist der **Badestrand Lumakia** ❺ zu sehen. Der Wanderweg umrundet diesen in ca. 50 m Höhe. Nachdem wir die Bucht umrundet haben, erreichen wir eine Schotterpiste, die nach 100 m auf die Zufahrt von der Hauptstraße mündet. Wir folgen der Piste bis zum Meer zum **Nealiastrand** ❻. Der Strand Paralía Ankáliasma kann getrost ausgelassen werden, diverse verfallene Gebäude und Fahrzeugwracks machen den Ort nicht anziehender. Bergauf erreichen wir auf dem Schotterweg die **Hauptstraße** ❼.

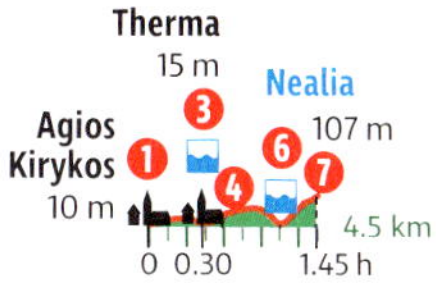

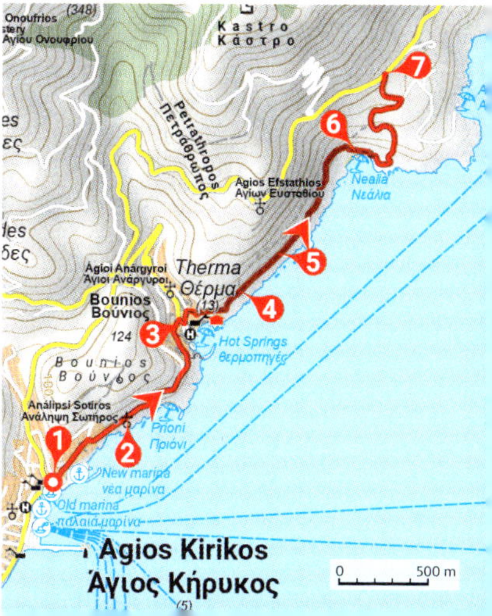

Patmos

Patmos, hat zwar nur ca. 3000 Einwohner und verfügt nur über ca. ein Zehntel der Fläche von Samos, wirkt aber wegen der großen Küstenlänge wesentlich größer. Die stark gegliederte Küstenlinie bietet eine Vielzahl von Buchten und einige beeindruckende Sandstrände. Aufgrund geringer Niederschläge, des Karstgesteins und des Ziegenproblems kämpft Patmos mit einem Mangel an Vegetation und einem ausgeprägten Wasserproblem. Erreichbar ist die Insel ausschließlich per Schiff, was ihre Isolation und Ruhe unterstreicht, obwohl sie auch Ziel großer Kreuzfahrtschiffe ist. Patmos zieht zahlreiche Pilger an. Das Wanderwegnetz der Insel, das vor einem Jahrzehnt angelegt wurde, bietet zwar Pfade für Naturfreunde, leidet jedoch unter mangelnder Pflege der Beschilderung.
Ein zentrales spirituelles Wahrzeichen der Insel ist das Johanneskloster, auch bekannt als die Apokalypse des Heiligen Johannes. Dieses monumentale Kloster, das im Jahr 1088 gegründet wurde, thront majestätisch auf einem der höchsten Punkte der Insel und ist ein fester Bestandteil der Skyline von Patmos. Seine Geschichte ist tief mit der christlichen Tradition verwurzelt, denn hier soll der Apostel Johannes seine Visionen empfangen haben, die in das Buch der Offenbarung des Neuen Testaments Eingang fanden. Heute ist das Kloster nicht nur ein Ort der Anbetung und Pilger-

Psili-Ammos-Strand im Süden von Patmos.

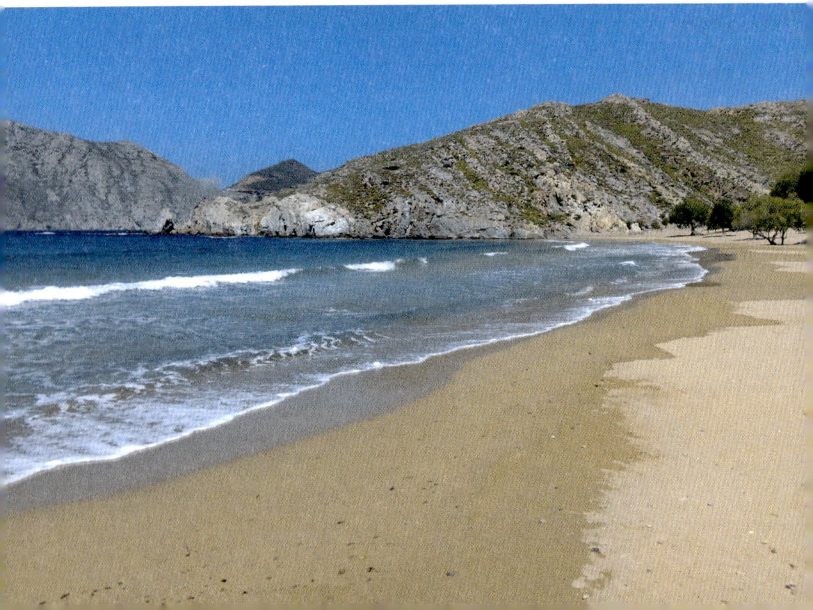

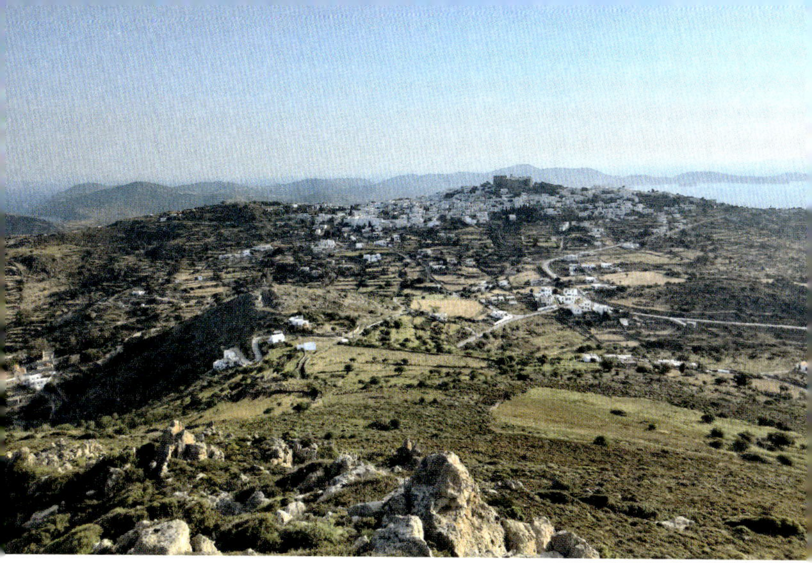

Blick von der Kapelle Profitis Ilias auf Chora mit dem Johanneskloster.

stätte, sondern auch ein kulturelles Zentrum, das für seine bedeutende Sammlung religiöser Relikte und Kunstwerke bekannt ist. Es zählt zum UNESCO-Weltkulturerbe und bietet Besuchern Einblicke in byzantinische Fresken, seltene Ikonen und historische Manuskripte.

Patmos, obgleich klein und bescheiden im Vergleich zu anderen griechischen Inseln, verzaubert mit seinem spirituellen Erbe, seinen malerischen Aussichten und, vor allem in der Nebensaison, seinen ruhigen Rückzugsorten in den Küstenabschnitten im Norden und Süden der Insel. Ein Ort, der sowohl für seine heilige Geschichte als auch für die Schönheit seiner abwechslungsreichen Landschaften Wertschätzung verdient und sich in drei bis vier Tagen erkunden lässt.

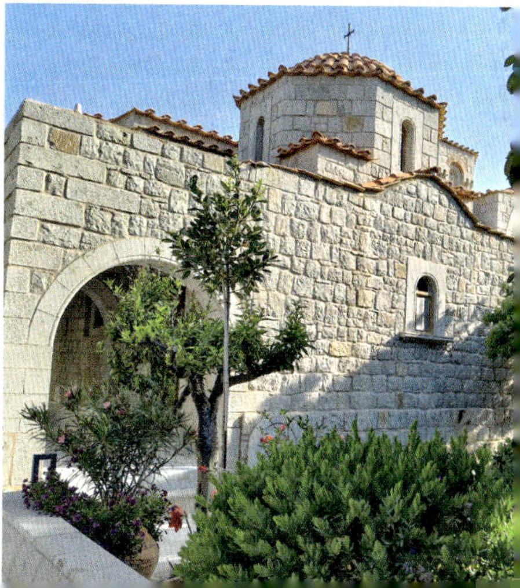

Kloster Evangelismo.

↗ 200 m | ↘ 200 m | 4.3 km

1.45 h

31 Von Skala nach Chora und zurück

Rundwanderung von Skala zum Kloster der Apokalypse und nach Chora

Das Kloster der Apokalypse, auch Höhle der Apokalypse genannt, ist die bedeutendste christliche Pilgerstätte auf Patmos (Πάτμος). Die Höhle ist der Ort, an dem nach christlicher Überlieferung der Apostel Johannes die Offenbarung empfangen hat, das letzte Buch des Neuen Testaments. Johannes soll während der Verbannung auf Patmos um 95 n. Chr. mehrere Visionen gehabt haben, die er in der Offenbarung niedergeschrieben hat. Nach dem Klosterbesuch erreichen wir den Stadtrand des malerischen Chora (Χώρα), bewundern die markanten Windmühlen und kehren schließlich über die Terrassenfelder und eine charmante Kapelle zurück nach Skala (Σκάλα).

Ausgangspunkt: Skala (Σκάλα). Anreise entfällt in der Regel. Als Besucher von Patmos (Πάτμος) betritt man die Insel in der Regel im Hafen von Skala das erste Mal.
Anforderungen: Einfache Wanderung auf befestigten Wegen. Der Abstieg erfolgt auf einem Wanderweg.
Einkehr: In Skala und Chora (Χώρα).
Baden: Direkt am Startpunkt kann nicht gebadet werden (Hafen). Wenige Meter weiter Richtung Norden gibt es aber schon einen schönen Sandstrand.
Hinweis: Natürlich kann die Tour auch mit einem Rundgang durch Chora und der Besichtigung des Johannesklosters kombiniert werden. Informationen zu Öffnungszeiten etc. des Klosters sind nachzulesen unter: monastiria.gr/das-heilige-kloster-des-johannes-des-theologen-von-patmos/?lang=de.

Wir starten im Zentrum von **Skala** ❶ (am Denkmal des Dimitrios Themelis. Von 1821 bis 1823 gelang es diesem General aus Patmos alle Inseln des Dodekanes von der Ottomanischen Herrschaft zu befreien). Wir folgen der Hauptstraße landeinwärts und besichtigen linkerhand die Kirche. Nach 150 m folgt wieder linkerhand eine weitere Kirche. Wir bleiben auf der Straße (nicht rechts abbiegen) und überqueren die Hauptstraße, die von Skala nach Chora führt. Wir befinden uns nun auf der gepflasterten alten Hauptstraße. Wir überqueren bei einem Krankenhaus noch mal die Hauptstraße, kürzen eine Serpentine ab und biegen bei der nächsten Kreuzung mit der Hauptstraße rechts (ganz kurz bergab) ab, um die **Höhle der Apokalypse** ❷ zu erreichen. Im Inneren der Höhle sind drei kleine Risse in

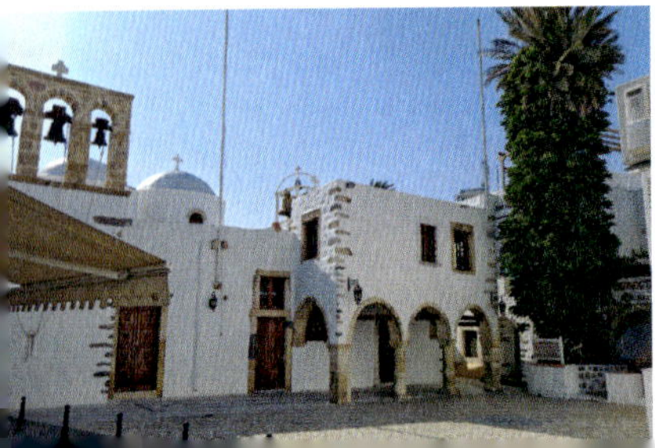

Kloster der Apokalypse (das bedeutet hier »Offenbarung« – Gott hat sich Johannes offenbart). Im Inneren befindet sich die kleine Grotte, in der die Offenbarung stattfand.

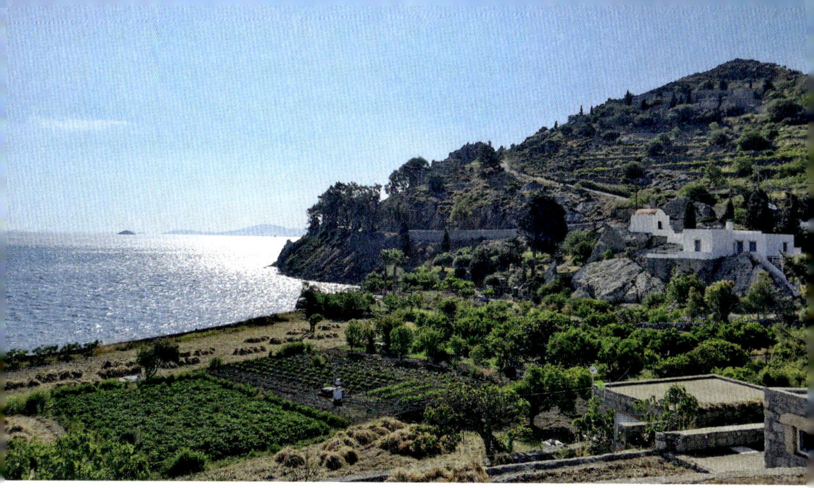

Ausblick am Ende der Tour Richtung Osten.

der Felsdecke zu sehen, die symbolisch für die Heilige Dreifaltigkeit stehen sollen. Zudem gibt es eine Silbermarkierung, die den Platz kennzeichnet, an dem Johannes angeblich seinen Kopf ablegte, als er seine Visionen hatte. Über der Höhle wurde im 11. Jahrhundert ein Kloster errichtet, das heute noch in Betrieb ist und von Mönchen bewohnt wird. Die Höhle selbst wurde in eine Kapelle umgewandelt und beherbergt heute eine Reihe von religiösen Ikonen und Reliquien. Vom Kloster erreichen wir über Treppen die Ecclesische Schule und über weitere Treppen den alten Verbindungsweg nach Chora. Wir erreichen den Stadtrand von **Chora** und folgen der schmalen oberhalb der Hauptstraße verlaufenden Straße. Am höchsten Punkt der Tour besteht die Möglichkeit, Erfrischungen bei einem **Kiosk** ❸ zu kaufen und eine öffentliche Toilette zu nutzen. Wir wandern weiter auf die markanten drei Windmühlen zu. Unterhalb der Windmühlen zweigt der Wanderweg zurück nach Skala ab (drei Treppenstufen, kein Hinweisschild). Der alte schmale Weg ist teilweise noch gepflastert und führt uns durch landwirtschaftlich genutzte terrassierte Hänge an einer **Kapelle** ❹ vorbei wieder zurück nach **Skala** ❶.

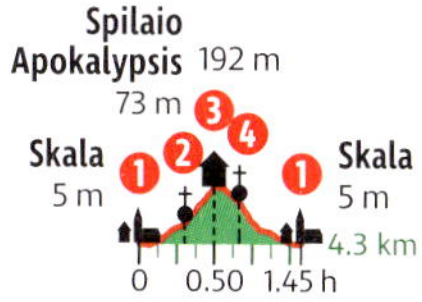

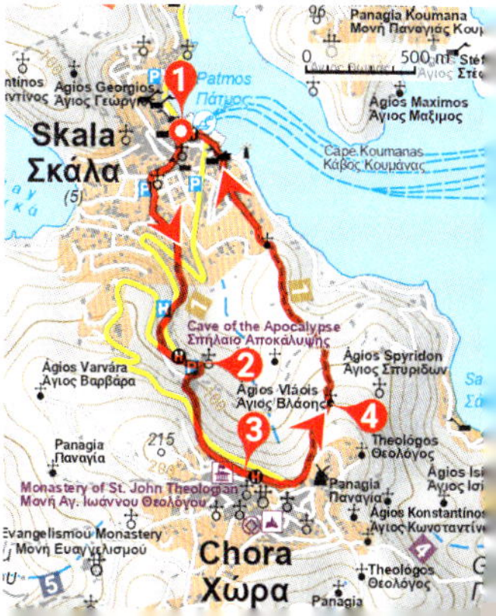

↗ 110 m | ↘ 110 m | 3.2 km

1.15 h

32 Kurztour zum Kastelli

Zwei Kapellen und Dreibuchtenblick vom Gipfel

Auf dieser abwechslungsreichen Wanderung können wir den Ausblick über drei Buchten genießen. Am Gipfel erwartet uns eine Kapelle – ein idealer Ort für eine erholsame Pause im Schatten. Hier können wir die Überreste des historischen Kastells entdecken, bevor eine weitere malerische Kirche auf uns wartet. Ein Bad oder ein Besuch im Café direkt am Strand in Skala runden die Tour ab.

Ausgangspunkt: Parkplatz nördlich des Zentrums von Skala (Σκάλα). Ein Mietauto ist aufgrund der geringen Größe von Patmos aber nicht nötig. Der Startort kann auch zu Fuß oder mit dem Rad erreicht werden.
Anforderungen: Kurze Wanderung über Treppen, auf Schotter und Wanderwegen.

Einkehr: In Skala z. B. im veganen Restaurant Pernera, perneravegan.gr. Bei Einheimischen ist das Café Marina sehr beliebt.
Baden: Am Ausgangspunkt befindet sich ein Sandstrand. Obwohl sich der Strand im Ortsgebiet von Skala befindet, ist er durchaus zu empfehlen.

Wir starten am **Parkplatz** ❶ nördlich des Zentrums von **Skala**. Der Weg wurde mit der Nr. 3 markiert. Es sind aber nur noch vereinzelt Markierungen sichtbar. 50 m folgen wir der schmalen Straße nach Westen und biegen dann rechts beim Wegweiser »Kastelli« (Καστέλι) ab. Über Treppen gewinnen wir an Höhe und halten uns anschließend rechts. Jetzt folgen wir einem Schotterweg, der eben verläuft und schöne Ausblicke auf den nördlichen Teil von Skala bietet. Wir biegen an der ersten Kreuzung links ab. Es geht wieder bergan. Bei einem verschlossenen Tor biegt der Weg scharf rechts ab und kurzzeitig fällt der Weg etwas ab, bevor rechts ein Fußweg zwischen zwei Steinmauern abzweigt. Wir folgen diesem Weg und erreichen bald die gepflegte **Kapelle Agios Konstantinos** ❷. Es bietet sich hier eine Rast im Schatten an. Ein kleines Stück oberhalb können wir die Reste des Kastells erkunden und den 360-Grad-Blick genießen. Viele Überreste des Kas-

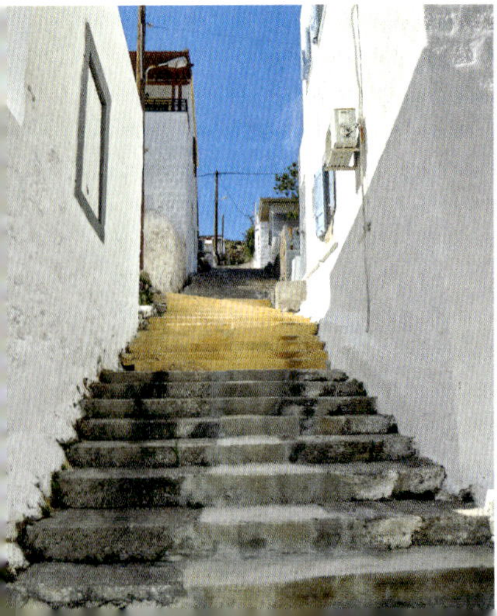

Nomen est omen – »Skala« bedeutet Treppe auf Griechisch.

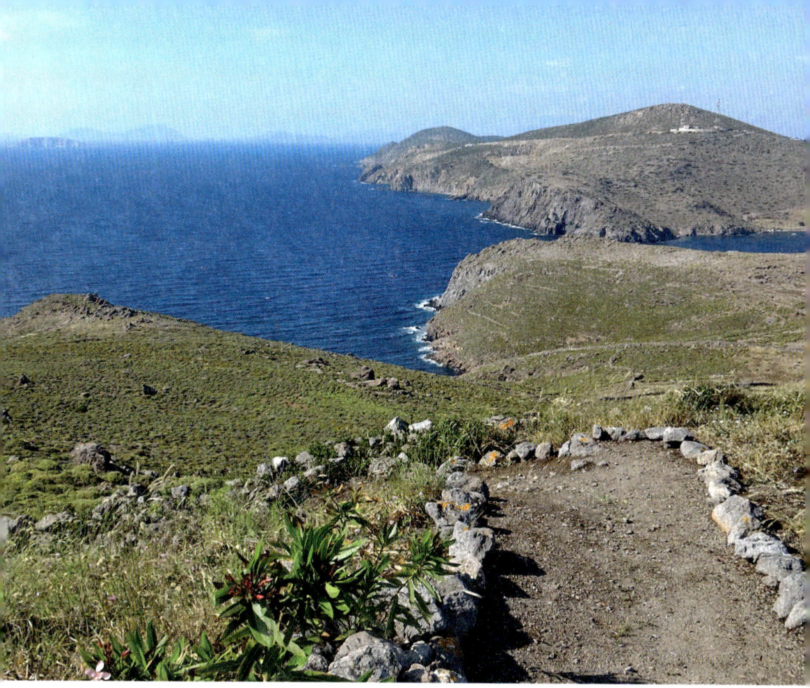

Nordwestküste von Patmos.

tells sind nicht mehr vorhanden. Der direkte Weg hinunter nach Skala existiert nicht mehr. Deshalb folgen wir kurz dem Hinweg, biegen aber schon vor dem ersten Haus rechts ab und erreichen bald die **Kirche Agios Georgios** ❸ und wenig später den Ortsanfang von Skala. Hier biegen wir erst links und dann kurz vor dem Ende rechts ab und erreichen nach 200 m den **Ausgangspunkt** ❶.

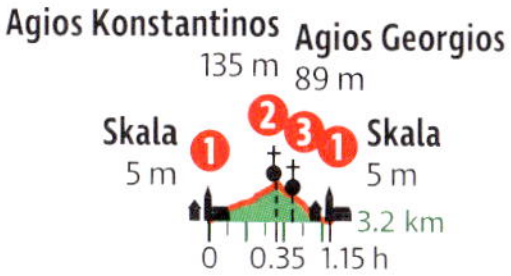

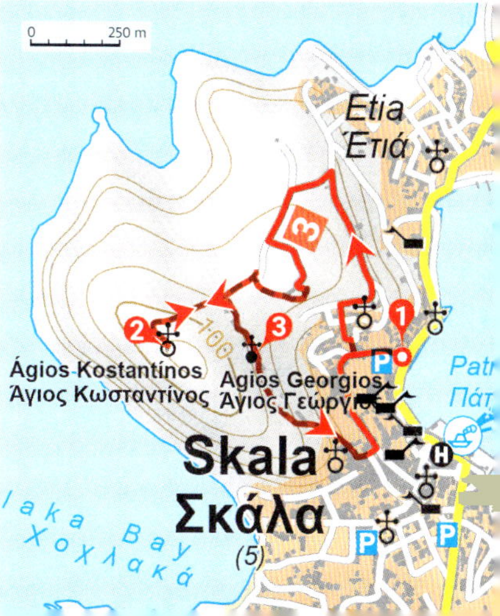

↗ 250 m | ↘ 250 m | 11.4 km

3.30 h

33 Rundtour im Nordosten von Patmos

Strände, Kapellen, Berggipfel und die für Patmos typische Phrygana-Vegetation

Gleich zu Beginn stoßen wir auf eine Ziegenherde. Durch ihr Weiden sorgen die Ziegen dafür, dass die Phrygana-Vegetation niedrig und strauchartig bleibt. Sie fressen die Blätter und jungen Triebe vieler Pflanzen und tragen dazu bei, das Wachstum größerer Bäume und Sträucher zu verhindern. Wir können wegen der fehlenden Bäume die Aussicht vom Gipfel des Chontró Vounó (Χοντρό Βουνό) besonders genießen und tauchen anschließend erstmals in der Zarroibucht (Όρμος Ζαρρόη) ins kühlende Nass ein. Die Tour endet an einem idyllischen Sandstrand, wo wir nochmals baden oder die Schatten spendenden Tamarisken bewundern können. Ein optionaler Restaurantbesuch rundet diese Tour ab.

Ausgangspunkt: Straße zwischen der Kambos- (Κάμπος) und der Vagiabucht (Όρμος Βάγια). Anreise per Fahrrad, Auto oder per Anhalter.
Anforderungen: Großteils schmale Wanderwege und kurzzeitig auf Schotterpisten und einer schmalen Teerstraße. An- und Abstiege sind nicht besonders steil. Die Länge der Tour ist vor allem im Hochsommer nicht zu unterschätzen.
Einkehr: Restaurant Nautilus.
Baden: In der Zarroibucht (Όρμος Ζαρρόη). Auf den letzten drei Kilometern wandern wir von einer Badebucht zur nächsten.
Hinweis: Es gibt kaum Schatten und erst am Ende der Tour ein Restaurant. Ausreichend Wasser mitnehmen!

Wir starten am höchsten Punkt der **Straße** ❶ zwischen der **Kambos-** und **Vagiabucht**. Es bietet sich an, ein (Elekto-)Fahrrad für die Anreise zu nutzen. Hier startet der markierte Wanderweg Nr. 7 Richtung Süden bergan. Wir folgen dem nur schwach erkennbaren Pfad durch Phrygana-Vegetation in Richtung einer markanten Felsformation. Unterhalb befindet sich eine **Einfriedung** ❷ mit vielen Ziegen, an der wir links vorbeiwandern. Hier treffen wir auf einen Zufahrtsweg, den wir bald wieder links verlassen (rote Punkte). Wir bleiben zunächst unterhalb des Gipfels und wandern direkt zur **Kapelle Agios Dimitros** ❸. Hier finden noch regelmäßig Taufen statt. Wir wandern jetzt Richtung Nordwesten auf den kleinen Gipfel mit Steinpyramide und folgen anschließend weiterhin dem Bergkamm, der sich in einem Bogen zunächst Richtung Nordosten und anschließend Richtung Südosten erstreckt. Rote Markierungen finden sich in diesem Abschnitt nur sporadisch. Vom nächsten Sattel aus kann weglos

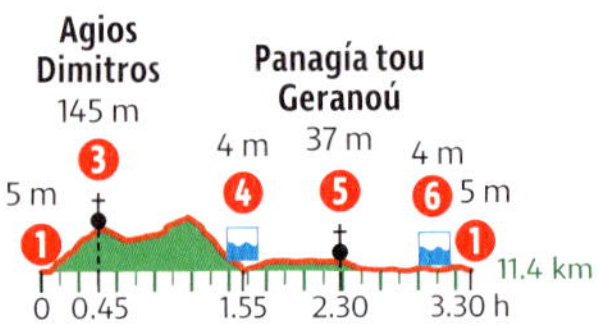

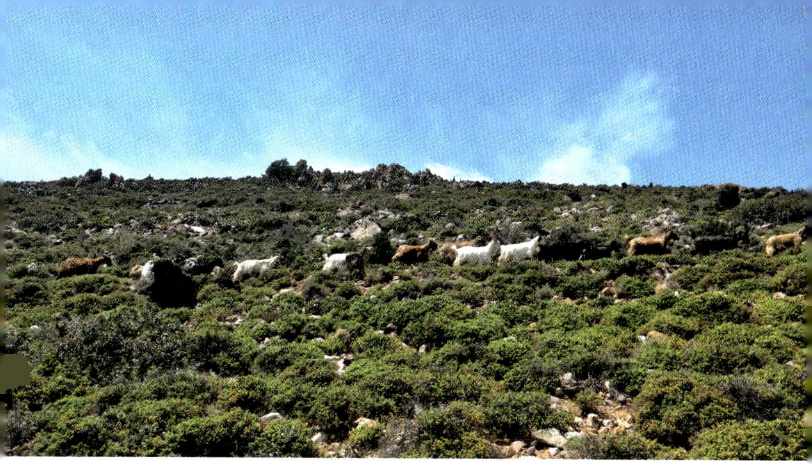

(Zu viele) Ziegen auf Patmos. Hier ist die Vegetation von Macchia bereits zur Phrygana degradiert.

und wegen der spärlichen Vegetation trotzdem problemlos der Gipfel des Chontró Vounó (Χοντρό Βουνό, »fetten Berges«) erreicht werden. Lange Hosen sind hier durchaus vorteilhaft. Vom Sattel fällt der Weg gleichmä-

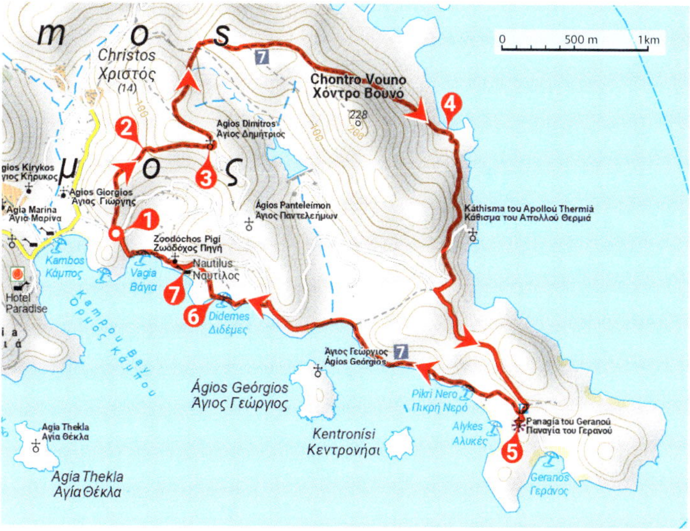

ßig zur **Zarroibucht** ❹ mit tollem Sandstrand ab. Hier ist auf Steinmänner zu achten. Es bietet sich an, die erste Badepause hier zu verbringen. Der weitere Weg ist jetzt deutlicher zu erkennen. Wir steigen zunächst recht steil hoch und anschließend nur noch mäßig steil. Oberhalb der Appoloubucht mit der Kirche Agios Pavtes erreichen wir einen Schotterweg und biegen gleich wieder links ab, um einen Bogen des Schotterwegs abzukürzen. Wir erreichen eine geteerte Straße und biegen links auf diese Straße ab. Nach 700 m erreichen wir das Ende der Straße mit einem Parkplatz. Wir können jetzt noch zwei Abstecher geradeaus auf einem Schotterweg zum **Geranosstrand** (200 m) und oberhalb zur **Kapelle Panagía tou Geranoú** ❺, »Unserer Lieben Frau des Kranichs«, unternehmen, bevor wir zum Alykesstrand absteigen. Anschließend halten wir uns knapp oberhalb der Küstenfelsen und erreichen den nächsten Sandstrand mit Schatten spendenden Tamarisken. Diese Bäume finden sich nicht zufällig oft in unmittelbarer Strandnähe. Als Halophyten sind sie in der Lage, Salz auszuscheiden und können ihren Wasserbedarf teilweise mit Salzwasser abdecken. Wir müssen jetzt wegen Privatbesitz kurzzeitig die Küste verlassen und erreichen durch ein Tor (wegen der vielen freilaufenden Ziegen bitte wieder verschließen) die Straße. Wir folgen der Straße nur 150 m und biegen dann links zur **Didemesbucht** ❻ auf einem Pfad ab. Es bieten sich nochmals gute Badegelegenheiten. Eine Einkehr ist in der Saison (Juni bis September) beim **Restaurant Nautilus** ❼ möglich. Von dort geht es wieder zu unserem **Ausgangspunkt** ❶.

Tamariske in der Didemesbucht.

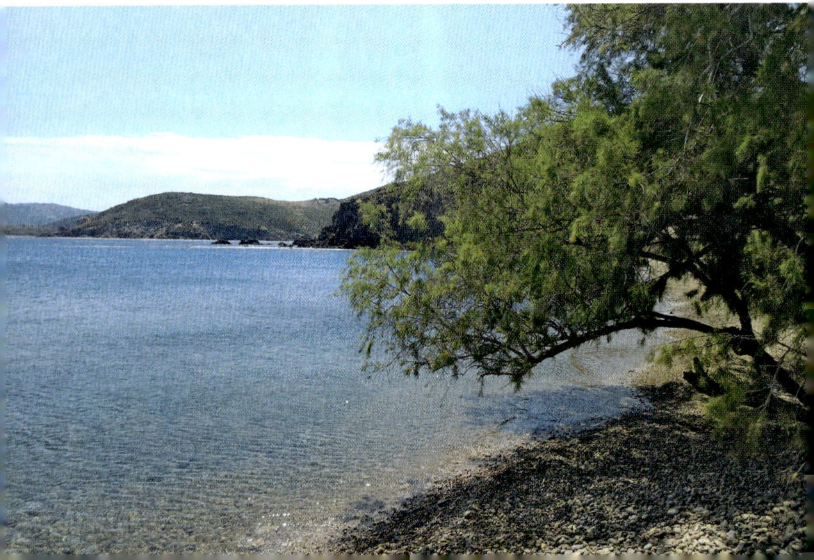

↗ 250 m | ↘ 450 m | 9.6 km

3.30 h

Von Chora zur Bucht von Psili Ammos

34

Tolle Ausblicke und viele Bademöglichkeiten in der Bucht von Grikos und Psili Ammos

Mit Ausblicken von Chora auf die eindrucksvolle Bucht von Grikos (Γροίκος) beginnt diese Wanderung. In Grikos können wir bereits in den lokalen Restaurants einkehren und den frischen Fisch genießen. Der markante Felsen Kalikatsou Petra (Βράχος Καλικατσούς) wartet darauf, von uns bestiegen zu werden. Der Aufstieg zum südlichsten Gipfel von Patmos ist noch einmal anstrengend, bevor der Abstieg in die malerische Bucht Psili Ammos (Ψηλή Άμμος) beginnt. Hier können wir (noch) eine wohlverdiente Badepause einlegen.

Ausgangspunkt: Chora (Χώρα). Anreise per Anhalter, Auto oder Taxi.
Endpunkt: Marina Stavros (Μαρίνα Σταύρο). Rückfahrt per Anhalter, Auto oder Taxi.
Anforderungen: Anfangs einfache gepflasterte Wege und Schotterpisten. Später schmale Wanderwege. Abstieg zur Bucht Psili Ammos (Ψηλή Άμμος) teilweise weglos.
Einkehr: In der Saison in der Bucht Psili Ammos. Ganzjährig in Grikos (Γροίκος): (Restaurant Flisvos und Ktima Petra).
Baden: In der Bucht von Grikos – besonders attraktiv ist der Strand in der Nähe des Felsens Kalikatsou Petra (Βράχος Καλικατσούς). In der Bucht Psili Ammos (feiner Sand).

Die neue Straße von **Chora** ❶ überwindet die 200 Hm hinunter nach Grikos mit moderatem Gefälle und vielen Kurven. Wir nutzen die alte gepflasterte Straße, die am Ostrand von Chora von der Hauptstraße abzweigt und direkt hinunter nach Grikos führt. Ein nur noch schwer lesbarer Wegweiser steht an der Kreuzung. Zusätzlich steht am ersten Gatter »Path to Grikos«. Wir erreichen die **Bucht von Grikos** ❷ und folgen der Küste nach rechts. Die beiden Restaurants Flisvos und Ktima Petra bieten hervorragende Fischgerichte und haben bereits in der Nebensaison geöffnet. Anschließend ist der **Felsen Kalikatsou Petra** ❸ sehr sehenswert. Wenn wir vor dem Felsen stehen, halten wir uns rechts und können so unschwierig den Felsen besteigen. Teilweise gibt es schon stark verwitterte Stufen, die den kurzen Aufstieg erleichtern. Wir folgen weiter dem Schotterweg. Für Fahrzeuge ist hier die Durchfahrt verboten. Direkt vor der **Marina Stavros** ❹ biegen wir rechts ab und erreichen das Ende der Teerstraße, die von Chora hierher führt. Wir wenden uns nach links und folgen dem Weg bis zu einem Gehöft mit Eseln und Ziegen. Hier geht es

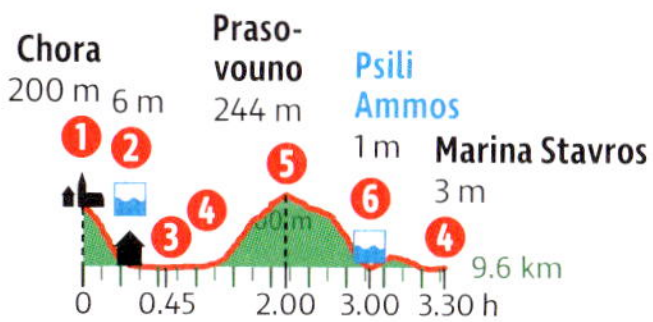

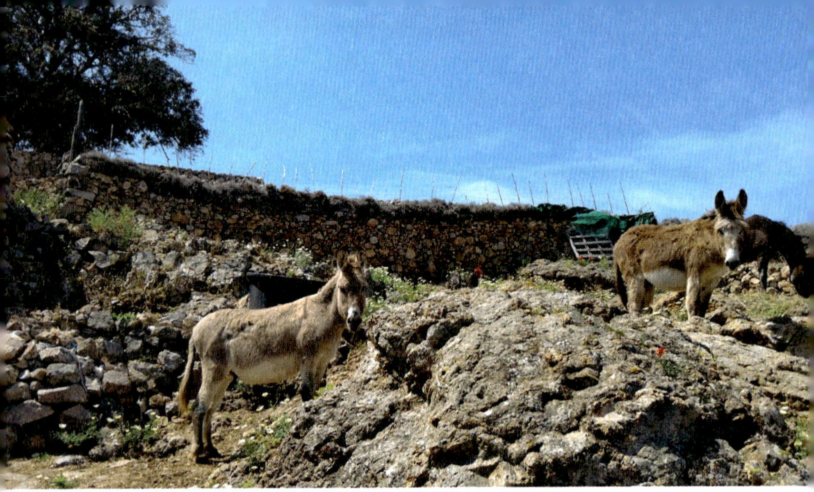

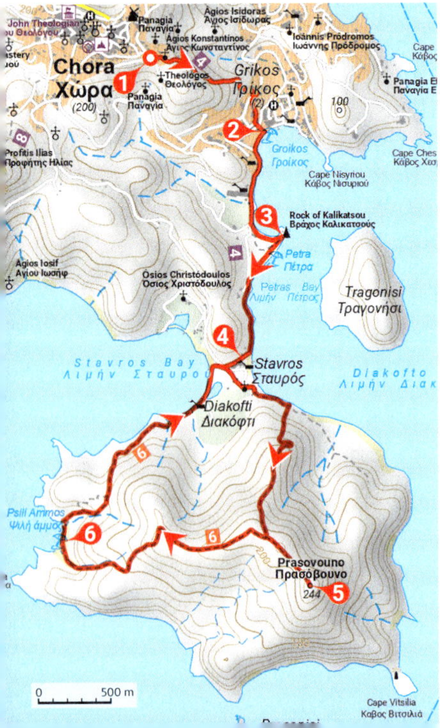

Gehöft mit Eseln, Ziegen und Pferden kurz nach der Marina Stavros.

durch ein Gatter auf einem Wanderweg weiter. Teilweise ist noch die etwas verblichene Markierung mit der Nr. 6 zu sehen. Zusätzlich gibt es rote Punkte. Wegspuren sind im kargen felsigen Gelände kaum zu erkennen. Wir folgen dem Kamm und erreichen bald einen Vorgipfel. Kurz vor dem Gipfel traversiert der Pfad zu einem Sattel. Von hier lohnt es sich, zum höchsten Punkt (Ziegenpfade bzw. weglos, hin und zurück 20 Min.) des **Prasovouno** 5 (Πρασοβουνο, »Lauchberg«) zu wandern. Vom Sattel aus erreichen wir nach wenigen Metern Richtung Westen den Gipfel und folgen anschließend dem Kamm bis zu einem weiteren Sattel, bei dem wir scharf rechts abbiegen. Auf einem Nebenkamm geht es Richtung Südwesten bergab. Der Weg ist jetzt schlecht markiert.

Das nächste Ziel, die **Bucht Psili Ammos** 6 mit feinem Sand, ist aber bereits zu sehen und wir steigen an geeigneter Stelle nach rechts ins trockene Bachbett ab und folgen diesem bis in die malerische Bucht. In der Saison gibt es hier einen Kiosk. Von der Bucht steigen wir Richtung Nordosten ca. 50 Hm auf einem zunehmend besser erkennbaren Pfad auf. Nach weiteren 1,5 km auf dem Wanderweg und später einem Schotterweg erreichen wir die **Marina Stavros** 4 am Ende der Teerstraße nach Chora. Per Anhalter oder Taxi können wir von hier wieder den **Ausgangspunkt** 1 erreichen.

Kurz vor dem Strand Psili Ammos.

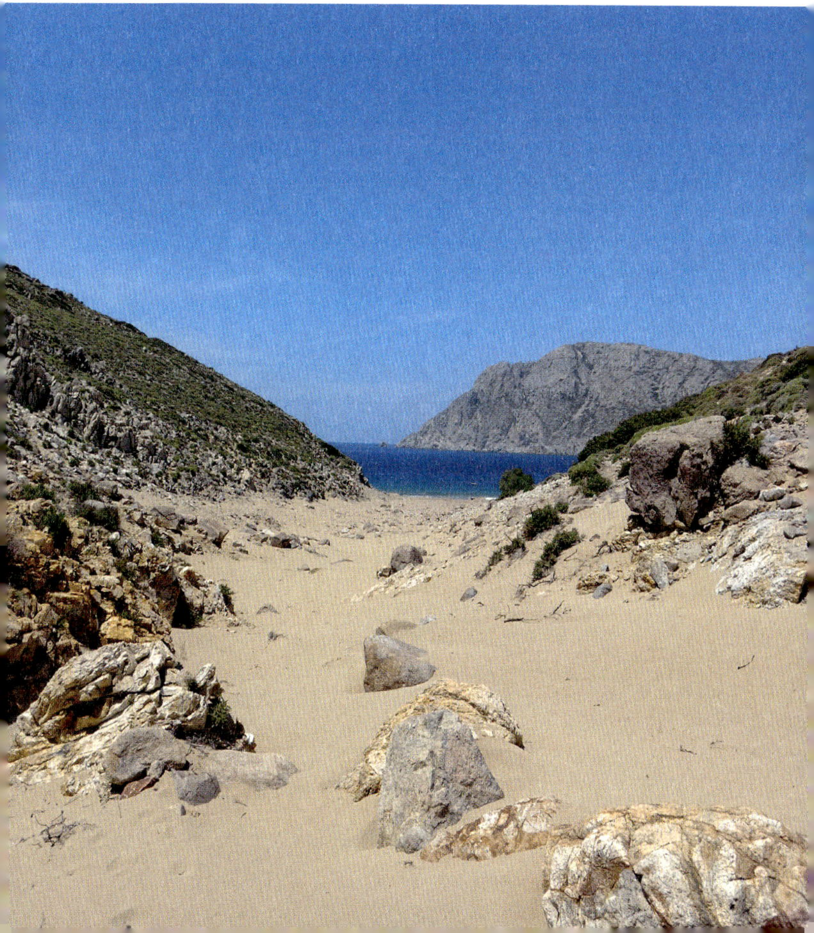

TOP 35

↗ 300 m | ↘ 300 m | 6.4 km

Von Chora zur Kipoibucht und zum Profitis Ilias

2.30 h

Zwei Klöster, ein Badestrand und der höchste Punkt der Insel

Erleben Sie das historische Herz von Chora auf einer Wanderung, die Sie zu einigen der beeindruckendsten religiösen Stätten und zum höchsten Punkt der Insel führt. Diese Route verbindet spirituelle Tiefe mit spektakulären natürlichen Panoramen. Entdecken Sie alte Klöster, die in Ruhe und Geschichte eingebettet sind, und schlendern Sie durch verwinkelte Gassen aus vergangenen Jahrhunderten. Der Aufstieg zum Profitis Ilias belohnt mit einem unvergleichlichen Blick über die Insel und ihre Umgebung. Nach dem Genuss der Gipfelaussichten führt der Weg zurück durch die charmante Altstadt von Chora, ein perfekter Abschluss einer unvergesslichen Wanderung.

Ausgangspunkt: Chora (Χώρα). Anreise per Anhalter, Auto oder Taxi.
Anforderungen: Die Tour verläuft über Treppen, auf Asphalt und auf gut markierten Wanderwegen mit einigen steilen Abschnitten.
Einkehr: Etliche Restaurants in Chora.
Baden: Sehr schöner Sandstrand in der Kipoibucht (Όρμος Κήπων, »Gartenbucht«).

Wir starten am Kiosk am nördlichen Rand von **Chora** ❶ und erreichen nach kurzem Aufstieg das **Kloster** ❷. Nach der Besichtigung halten wir uns nach dem Klosterausgang sofort rechts und anschließend wieder rechts und umrunden so einmal fast komplett den Klosterkomplex. Anschließend geht es durch das Gassengewirr vorbei an der Diozozissa und einer weiteren Kirche in Richtung des Klosters Evangelismo. Wir befinden uns nun auf dem Wanderweg Nr. 5 und biegen bei einer Kreuzung rechts ab (Hinweisschild »Kipoi Osio«/Όρμος Κήπων). Recht steil geht es zur **Kipoi-**

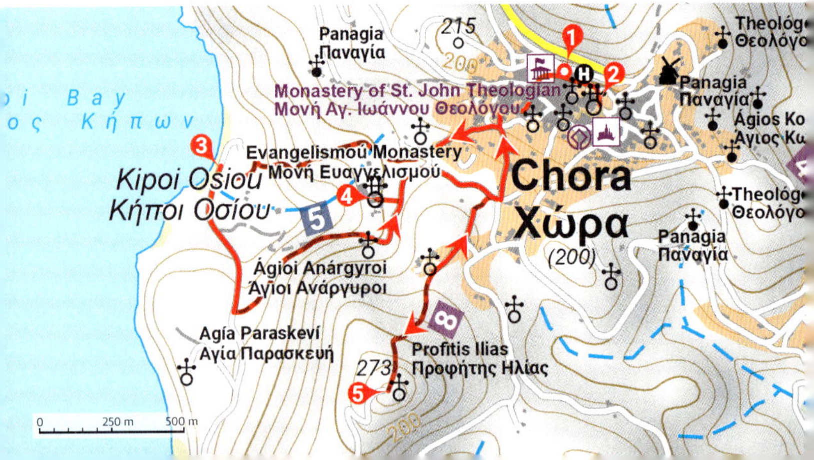

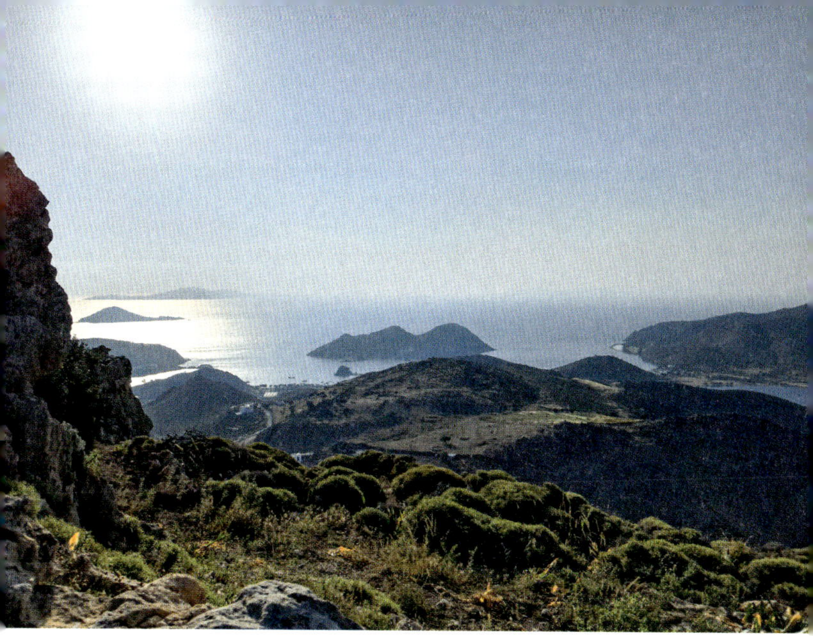

Blick nach Osten auf die Miniinseln Tragonisi und Chiliomodi. Am Horizont ist bereits Lipsi zu erkennen.

bucht ❸ (»Gartenbucht«) hinunter. Hier folgen wir dem Schotterweg nach links. Nach dem letzten Grundstück biegen wir wieder links auf einen Wanderweg ab. Der Abzweig ist nicht klar ersichtlich; bald befinden wir uns aber auf einem gut erkennbaren Pfad, der stetig ansteigt und durch zunehmende Vegetation nach 500 m den Eingang zum **Kloster Evangelismo** ❹ erreicht. Nachdem wir das Kloster mit sehenswertem Garten besichtigt haben, folgen wir der Zufahrtsstraße 300 m und biegen dann rechts auf einer Treppe auf den Wanderweg 8 zum höchsten Punkt der Insel mit der **Kirche Profitis Ilias** ❺ ab (Hinweisschild an der Betonwand). Nach 300 m erreichen wir zwei Kapellen mit schönem Ausblick nach Westen. Die Kapelle am Gipfel ist meist verschlossen. Wegen des Ausblickes über die gesamte Insel lohnt sich der Aufstieg trotzdem.

Der Rückweg erfolgt auf dem Hinweg bis zum Abzweig des Wanderweges 8 und anschließend kann in 15 Min. wieder die Altstadt von **Chora** und somit der **Ausgangspunkt** ❶ erreicht werden.

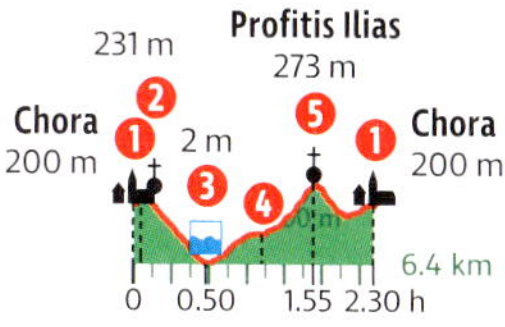

Fourni

Fourni (Φούρνοι), ein weitgehend unentdecktes Juwel in der Ägäis, ist eigentlich ein Archipel von 23 Inseln und Felsen, der zwischen Samos, Ikaria und Patmos liegt. Die Gemeinde, die den gesamten Inselarchipel umfasst, wird auch als Fournoi Korseon (Φούρνοι Κορσέων) bezeichnet. Sowohl der Hauptort mit ca. 1100 Einwohnern als auch die Hauptinsel heißen Fourni. Man muss also aus dem Kontext entnehmen, ob es sich um die Insel oder den Ort handelt. In den letzten Jahren wurden etliche antike Schiffswracks entdeckt und auf der Insel selbst findet man antike Gräber und Überreste von Siedlungen, die auf ihre bewegte Vergangenheit hinweisen. Mit seiner schroffen Schönheit und einer reichen maritimen Geschichte ist Fourni ein Paradies für Wanderer, Geschichts- und Naturliebhaber gleichermaßen.
Nur die Hauptinsel und Thymena (Θύμαινα) sind bewohnt. Ihr Charme liegt in ihrer Einfachheit und Authentizität. Die Bewohner leben ein einfaches und ruhiges Leben. Vor allem in der Nebensaison fühlt man sich als Gast schnell als Teil der Inselgemeinschaft. Die Insel hat keinen Flughafen und keine großen Hotelanlagen, was dazu beiträgt, dass sie ihren traditionellen Charakter und ihre natürliche Schönheit selbst im Sommer bewahrt, wenn vor allem griechische Touristen die Insel bevölkern.

Fourni Ort mit der gegenüberliegenden Insel Thymena. Am Horizont ist Ikaria zu erkennen.

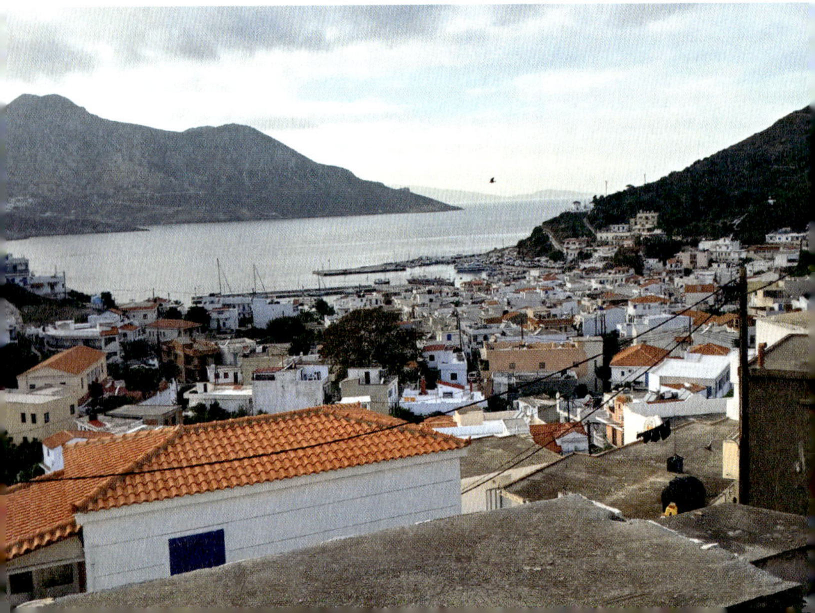

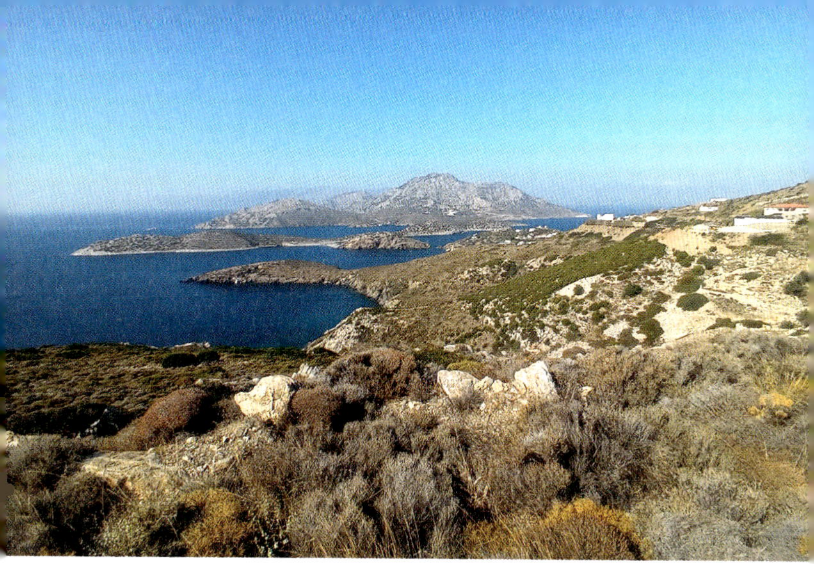

Rückblick vom kargen Süden Fournis Richtung Norden – im Hintergrund Thymena mit der flachen Insel Kisiria davor.

Wandern auf Fourni ist ein besonderes Erlebnis. Das Netzwerk an Wanderwegen ist nicht sehr ausgebaut, was aber den Vorteil hat, dass man oft ganz für sich alleine in der wunderschönen Natur unterwegs ist. Die Pfade führen oftmals durch blühende Macchia und Phrygana, vorbei an duftenden Wildkräutern und Blütenpracht, die die Grundlage für den bekannten Honig der Insel bilden. Jeder Gipfel bietet immer wieder andere Ausblicke auf das tiefblaue Meer und die umliegenden Inseln.
Obwohl Fourni nur ca. ein Zehntel der Fläche von Samos entspricht, ist die Küstenlänge ungefähr gleich groß. Somit ist es nicht verwunderlich, dass die vielen kleinen einsamen Buchten mit herrlichen Stränden charakteristisch für die Inselgruppe sind.
Egal, ob man einfache Küstenwanderungen bevorzugt oder eine anspruchsvolle Bergtour sucht, Fourni hat für jeden Wanderer etwas zu bieten. Die vielfältigen Landschaftsformen der Insel, von idyllischen Buchten und Stränden bis hin zu felsigen Höhen und grünen Tälern, garantieren unvergessliche Wandererlebnisse.
Fourni mag klein sein, aber es gibt immer wieder Neues zu entdecken. Mit seinen vielfältigen Landschaftsformen und der Kombination aus natürlicher Schönheit, reicher Geschichte und authentischer Gastfreundschaft ist diese Insel ein wahres Paradies für alle, die das unverfälschte Griechenland erleben wollen.

36 Von Fourni zur Kampi-, Aspa- und Petrokopiobucht

2.45 h

Zu den malerischen Buchten südlich von Fourni

Schon nach wenigen Minuten ist die Inselhauptstadt außer Sichtweite und nach der ersten Bucht wirkt die Landschaft fast völlig unberührt. Später werden wir allerdings bei einem historischen Steinbruch daran erinnert, dass Fourni schon seit Jahrtausenden einen wichtigen Stützpunkt für Seefahrer darstellt und sogar in der »Ilias« von Homer erwähnt wird. Auch auf der Inselhauptstraße lässt es sich bei kaum vorhandenem Verkehr gut wandern.

Ausgangspunkt: Fourni (Φούρνοι). Anreise entfällt, da man in Fourni übernachtet. Der Rückweg auf der Straße kann natürlich per Anhalter verkürzt werden.
Anforderungen: Schwindelfreiheit und Trittsicherheit erforderlich nur zwischen Kampi- (Όρμος Καμπή) und Aspabucht (Όρμος Άσπα).
Einkehr: Etliche Restaurants in Fourni. In Kampi gibt es ein Restaurant etwas oberhalb des Strandes (nicht direkt am Weg).
Baden: Gleich fünf Strände bieten sich an. Der Strand von Kampi bietet am meisten Komfort, der letzte Strand in der Petrokopiobucht (Όρμος Πετροκόπιο) ist besonders zu empfehlen.
Hinweis: Wegen des umfassenden Ausblicks über den Südteil der Insel lohnt sich ein zusätzlicher Abstecher auf der Hauptstraße nach Süden zum 233 m hohen Gipfel (zwei Kilometer zusätzlich).

Vom Hafen in **Fourni** ❶ gehen wir auf der letzten (südlichsten) Straße in den Ort und biegen bei der ersten Möglichkeit rechts ab. Ein Hinweisschild (»Kampi/Καμπή«) weist den Weg. Es folgen einige Stufen und nach 600 m haben wir die Hauptstraße mit drei ehemaligen Windmühlen erreicht. Wir überqueren die Hauptstraße und blicken hinunter nach Kampi. Von hier erschließt sich dieser Ortsname, der wörtlich »Biegung« bzw. »Kurve« bedeutet, sofort. Wir bleiben auf der gepflasterten Straße, die bald endet. Das letzte Stück zum Strand legen wir auf einem Fußweg mit Treppen zurück. Der Strand der **Kampibucht** ❷ ist bei Einheimischen beliebt, die hier gern den Sonnenuntergang genießen. Es lohnt sich, zunächst den Strand rechts zu erkunden und dann erst auf einem schmalen Pfad, der am Südende des Strandes beginnt, zur **Aspabucht** aufzubrechen. Bei Einheimischen wird diese Bucht meist als Marmarobucht (Όρμος Μάρμαρο) bezeichnet. Beim Abstieg in die Bucht ist Schwindelfreiheit erforderlich, weil der Pfad kurzzeitig direkt an der Abbruchkante 10 m oberhalb des Meeres entlangführt. Der **Übergang** ❸ vom ersten Strand der Aspabucht zum zweiten Strand erfordert dann sogar kurz den Einsatz der Hände. Wir müssen

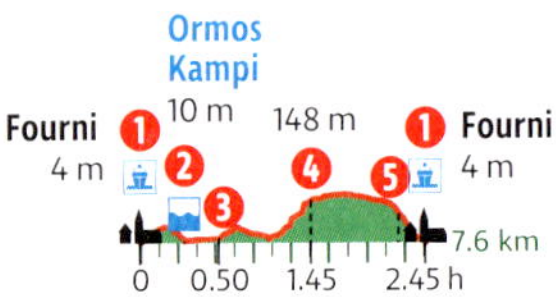

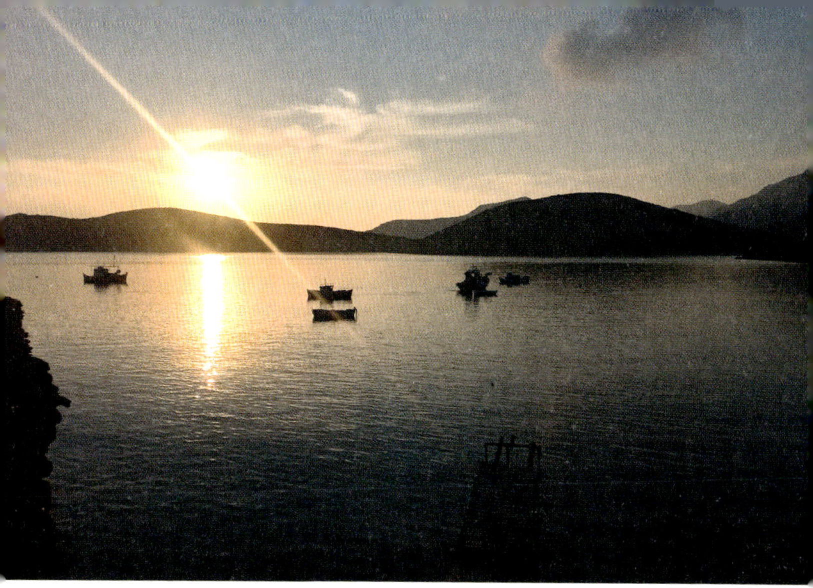

Abendstimmung in der Kampibucht.

direkt vom Strand auf einen kurzen Felsabsatz klettern. Anschließend gibt es keine weiteren Schwierigkeiten mehr. Die Küste wird weniger steil und von der Elidhakibucht zur **Petrokopiobucht** gibt es einen Schotterweg. Hier ist nicht nur der historische Steinbruch sehenswert, sondern auch der Sandstrand sehr einladend. Nach der letzten Badepause folgen wir dem Zufahrtsweg zur Hauptstraße. Es sind 150 Hm zu überwinden. Wir biegen auf der **Hauptstraße** ❹ nach links ab und nach zwei fast ebenen Kilometern mit schönen Ausblicken nach Westen erreichen wir eine Kreuzung. Hier halten wir uns links und biegen noch vor dem Hubschrauberlandeplatz rechts ab. Hinter dem **Sportplatz** ❺ endet der Fahrweg. Von hier führt uns ein Fußweg steil hinunter nach **Fourni** ❶.

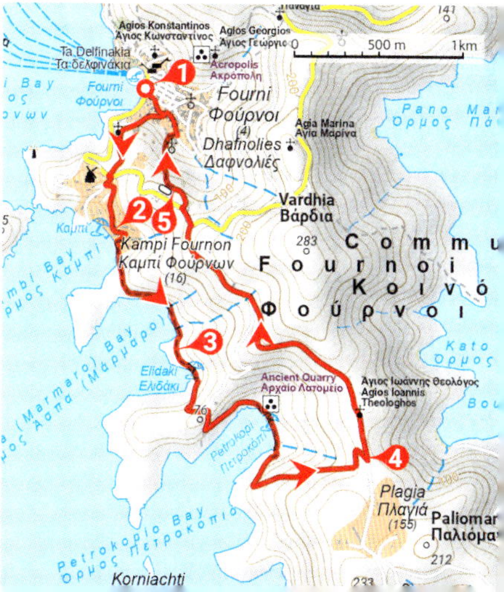

TOP

37

Von Fourni zu zwei Kapellen und auf den Hausberg

↗ 320 m | ↘ 320 m | 3.9 km

2.00 h

Aufstieg von Fourni auf den Evangelista

Am 15. August wandern viele Einheimische zur Kapelle Agios Georgios. Vor allem bei Jugendlichen ist es beliebt, diese steinige Strecke barfuß zurückzulegen. Wir nehmen die Strecke in umgekehrter Richtung in Angriff; festes Schuhwerk ist wie bei allen Touren auf Fourni sehr zu empfehlen. Besonders eindrucksvoll sind die Ausblicke auf den Hafen und den gesamten Inselarchipel vom Gipfel des Evangelista (Ευαγγελίστα) im Abendlicht kurz vor dem Sonnenuntergang.

Ausgangspunkt: Fourni (Φούρνοι). Anreise entfällt, da man in Fourni übernachtet.
Anforderungen: Es sind mehr als 300 Hm auf meist gut markierten Wanderwegen zu überwinden. Der Abstieg von der Kapelle Agios Georgios (Άγιος Γεώργιος) ist schlecht markiert und steinig.
Einkehr: Nur in Fourni am Start- und Endpunkt.
Baden: Nur am Start- und Endpunkt.
Hinweis: Besonders eindrucksvoll ist die Tour am Abend, wenn man den Sonnenuntergang auf den Felsen neben der Kapelle Agios Georgios beobachten kann.

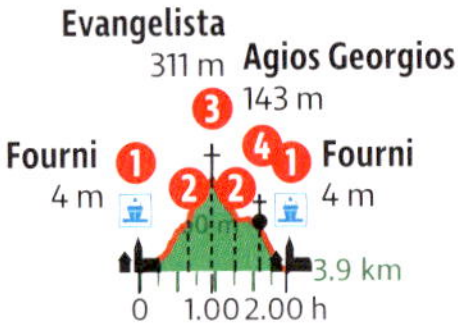

Fourni Ort von oben. Besonders kurz vor Sonnenuntergang entfaltet der Ausblick von den Felsen vor der Agios-Georgios-Kapelle seinen malerischen Charme.

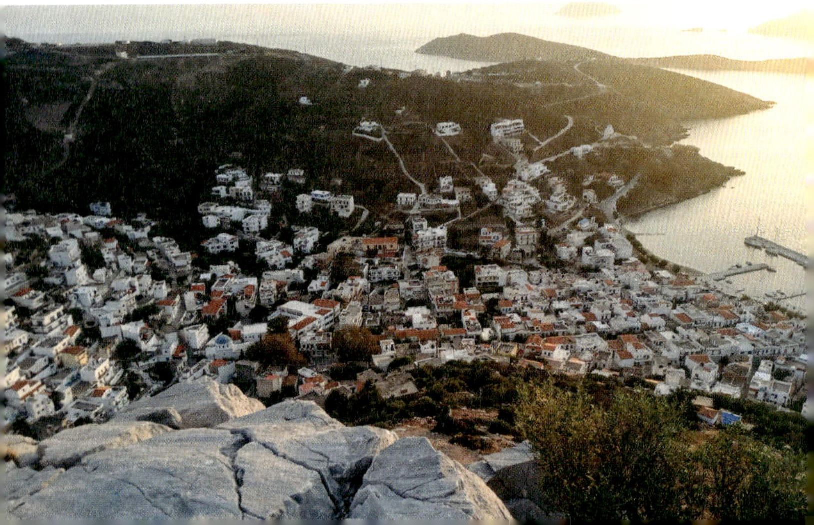

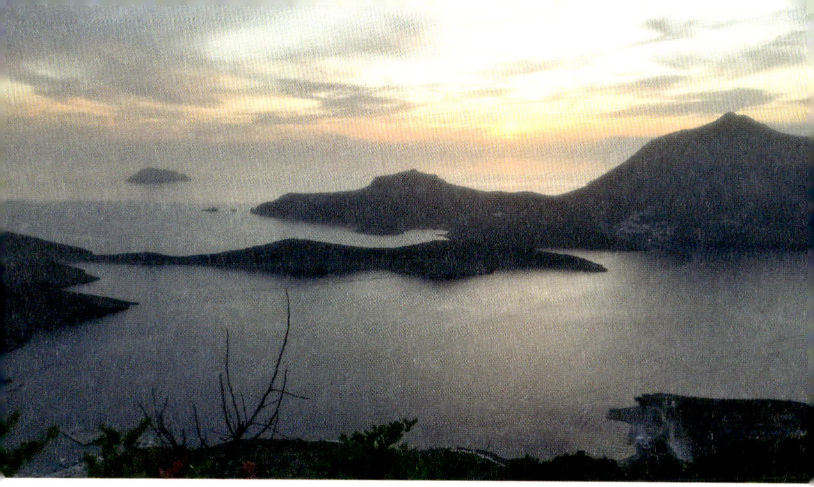

Thymena und im Hintergrund das kleine Alatonisi gehören auch zum Fourniarchipel.

Vom Hafen in **Fourni** ❶ schlendern wir durch die Hauptstraße des Ortes bis zur Platia. Hier können wir uns bei Georgios noch mit frischem Obst versorgen, bevor wir den Aufstieg zur **Panagia** ❷ (Παναγία) in Angriff nehmen. Der Wanderweg beginnt in einem kleinen Tal am Ortsrand und ist gut markiert. Nach der Kapelle folgen wir dem frisch mit roten Punkten markierten Weg nach links. Es folgt unmittelbar nach der Kapelle ein Schafstall (bitte das Tor wieder schließen). 200 m weiter oberhalb passieren wir noch einen Schafstall und folgen weiterhin den reichlich vorhandenen roten Punkten und erreichen bald den Gipfel des **Evangelista** ❸. Der Rückweg erfolgt bis zur **Panagia** ❷ auf dem Hinweg. Ab hier folgen wir einem Schotterweg zur **Kapelle Agios Georgios** ❹.

Von der Kapelle sollten wir unbedingt noch ein kleines Stück weiter auf die vorgelagerten Felsen kraxeln. Von hier bietet sich ein hervorragender Blick auf Fourni und das gegenüberliegende Thymena. Der Abstieg von der Kapelle in den Ort ist leider schlecht markiert und steinig. Wer sich diesen Abstieg nicht zutraut, kann natürlich auch wieder auf dem längeren, aber besser gepflegten Hinweg nach **Fourni** ❶ absteigen.

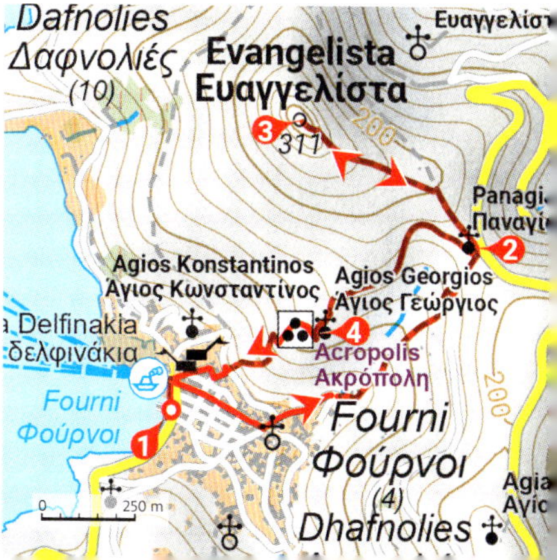

↗ 460 m | ↘ 460 m | 8.5 km

38 Inselüberquerung zur einsamen Kato-Maneta-Bucht

3.45 h

Umrundung des Evangelista und Abstieg zur Kato-Maneta-Bucht

Nicht nur der Höhepunkt, die einsame Kato-Maneta-Bucht (Όρμος Κάτω Μανέτα) auf der Ostseite der Hauptinsel Fourni, macht diese Tour besonders reizvoll. Die Umrundung des Evangelista garantiert anfangs ständig wechselnde Ausblicke und wir können den aromatischen Duft von Thymian, Salbei, Rosmarin und Oregano hier besonders genießen. Bienen und andere Insekten schwirren um die Blüten und sorgen für ein summendes Hintergrundgeräusch, das den Rhythmus der Wanderung begleitet. Schattenplätze sind allerdings rar und ausreichend Wasser und Verpflegung sollten wir mitführen.

Ausgangspunkt: Fourni (Φούρνοι). Anreise entfällt, da man in Fourni übernachtet.
Anforderungen: Großteils auf hinreichend markierten Pfaden. Es sind zwei Aufstiege (jeweils ca. 200 Hm) zu bewältigen.
Einkehr: Nur in Fourni.
Baden: In der Kato-Maneta-Bucht (Όρμος Κάτω Μανέτα).
Hinweis: Unbedingt ausreichend Verpflegung und Wasser mitnehmen!

Vom Hafen von **Fourni** ❶ gehen wir an der Küste Richtung Norden bis zum Ortsrand und biegen rechts ab. Bei einer scharfen Rechtskurve verlassen wir die Straße nach links (Stufen). Der folgende Pfad führt uns nun neben Steinmauern durch teilweise terrassiertes Gelände mit Olivenbäumen. Markierungen gibt es leider nicht, der Pfad ist aber deutlich erkennbar und steigt kontinuierlich an. Bald erreichen wir eine markante Steinmauer (Durchgang). Wir erreichen den Sattel nördlich des Evangelista und jetzt eröffnet sich der Blick bis nach Christomylia. Unterhalb des steilen Nordosthanges umrunden wir den Evangelista (siehe Tour 2) fast auf der gleichen Höhe und erreichen einen Schafstall. Ab hier ist der Weg besser markiert und wenig später erreichen wir die **Panagia** ❷ (Παναγιά). Wir folgen nun der Hauptstraße nach rechts (Süden) und passieren die Agia-Irini-Chrysovalandou-Kapelle. Anschließend lohnt sich der Abstecher zur **Kapelle Agia Marina** ❸ (Αγία Μαρίνα), die wir rechts über wenige Stufen erreichen. Wenig später biegen wir links auf einen Schotterweg ab, der nach 200 m bei einem Schafstall endet. Wir öffnen (und schließen) das Tor, halten uns sofort rechts (rote Pfeile) und folgen jetzt dem mit Steinmännern markierten Pfad hinunter zur **Kato-Maneta-Bucht** ❹. Der Pfad wurde vor Jahrzehnten von einem Fischer markiert, der in der Bucht lebte. Nach einer ausgiebigen Badepause geht

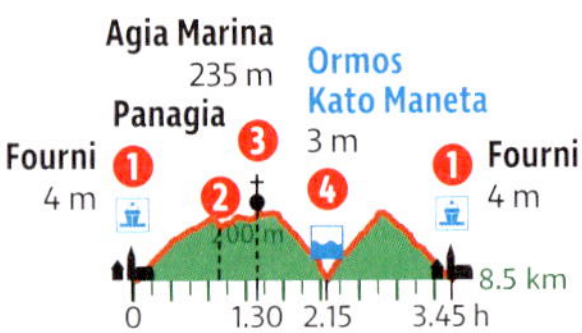

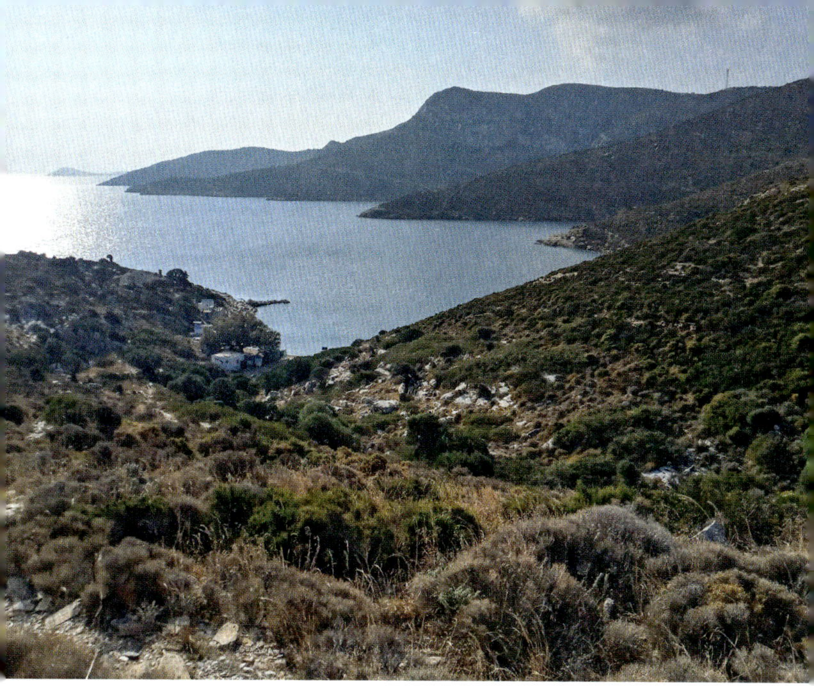

Die einsame Bucht von Kato Maneta.

es wieder auf demselben Weg zurück. Der Weiterweg an der Küste zur nächsten Bucht ist leider nicht zu empfehlen (kein Weg vorhanden, steiles Gelände und unangenehme Phrygana-Vegetation). Zurück an der Hauptstraße halten wir uns links und folgen der wenig befahrenen Straße bergab. Erst kurz vor dem Hubschrauberlandeplatz verlassen wir die Straße rechts und legen das letzte Stück zum **Ausgangspunkt 1** auf einem steilen Fußweg zurück.

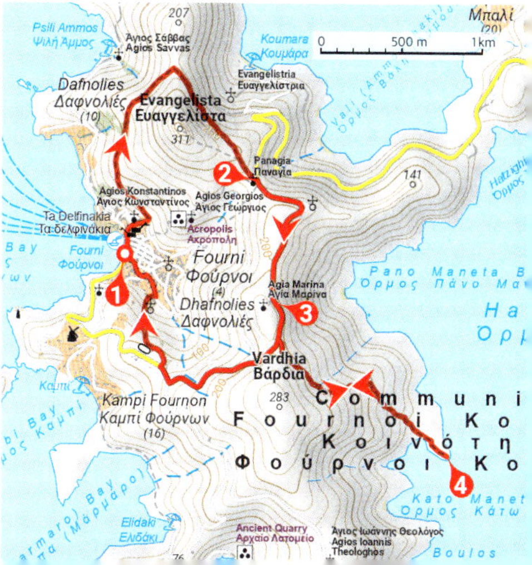

↗ 550 m | ↘ 550 m | 8.6 km

4.45 h

39 Rundtour auf Thymena

Auf den höchsten Berg von Thymena

Die spektakulärste Wanderung auf dem Fourniarchipel bietet reichlich unberührte Natur. Großteils müssen wir uns aber im teilweise steilen und weglosen Gelände orientieren. Wer über die entsprechenden Voraussetzungen verfügt, wird mit wundervollen Ausblicken und einem einsamen Strand belohnt. Allein der Hauptort Thymena (Θύμαινα) ist aufgrund seiner Abgeschiedenheit und der schönen Badebucht gleich neben dem Hafen schon einen Besuch wert.

Ausgangspunkt: Fourni (Φούρνοι, mit der Fähre) bzw. Thymena (Θύμαινα). Täglich fährt ein Boot um 14 Uhr von Fourni nach Thymena und um 17 Uhr wieder retour. In der Saison hält die Fähre nach Ikaria (Ικαρία) auch auf Thymena (Abfahrt in Fourni um 8 Uhr).
Anforderungen: Die Tour ist nur für sehr trittsichere Bergwanderer mit gutem Orientierungssinn geeignet.
Einkehr: Keine (auch in Thymena gibt es kein Restaurant oder Geschäft!).
Baden: Schöner Strand in Thymena neben dem Hafen, Karghiotikabucht (Όρμος Καργιώτικα) und Limnionasbucht (Όρμος Λιμνιώνας).

Vom Hafen von **Thymena** ❶ steigen wir über Treppenstufen durch den Ort hinauf und halten uns dabei gleich zu Beginn links. Oberhalb des Ortes erreichen wir eine Straße. Wir folgen der Straße wenige Meter nach rechts und biegen bei einem Hinweisschild (»ΣΞΛΑΔΑ, ΠΑΠΑΣ, ΚΑΡΙΩΤΙΚΟ«) links auf einen Wanderweg ab. Leider sind Markierungen nur noch spärlich vorhanden und auch Pfadspuren lassen sich bald nicht mehr erkennen. Orientierung im weglosen Gelände ist jetzt nötig. Wir steigen steil im felsigen Gelände auf und halten uns unmittelbar links einer kleinen Felswand. Oberhalb dieser Felswand erreichen wir den Kamm. Hier ist das Gelände weniger steil und unschwer erreichen wir den Gipfel des **Papas** ❷ (Παπάς). Wir steigen zum Sattel zwischen Papas und dem knapp 100 m niedrigeren Vardhia (mit einem Sendemast) ab. Anschließend steigen wir nicht direkt zur Karghiotika-Bucht ab, sondern suchen nach Pfadspuren links oberhalb am Hang. Letztlich steigen wir in einem weiter westlich gelegenen Tal zur **Karghiotikabucht** ❸ ab. Hier ist besondere Vorsicht geboten, um sich nicht am scharfkantigen Karstgestein zu verletzen. Nach ei-

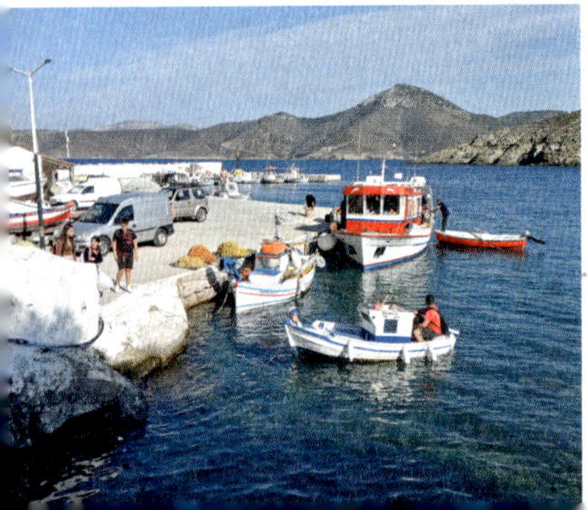

Hafen von Thymena.

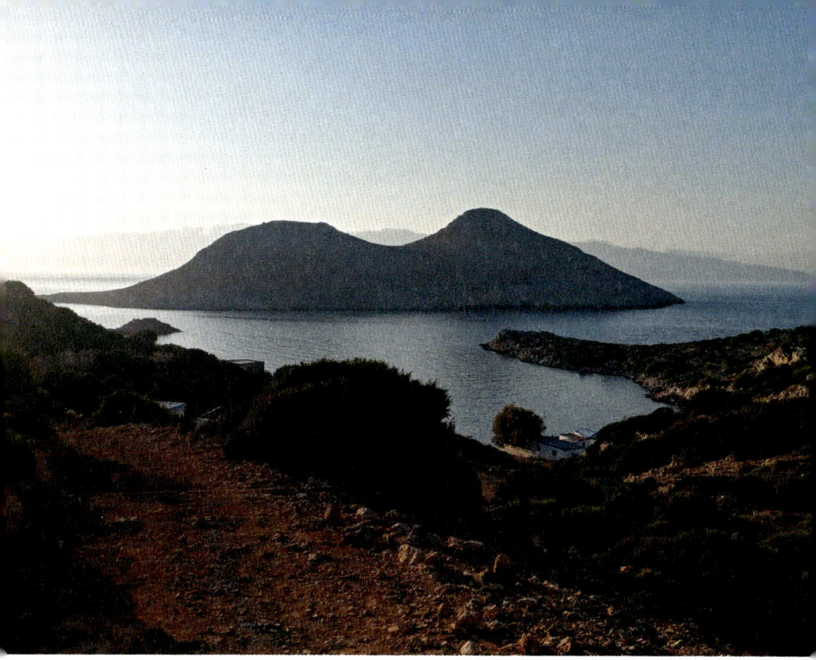

Limnionas-Bucht: mit der Insel Thymenaki und im Hintergrund Ikaria.

ner Badepause geht es auf einem deutlich mit Steinmännern markierten Pfad knapp oberhalb der Küste weiter zur **Limnionasbucht 4**. Gegenüber ist die zweigipfelige Insel Thymenaki zu sehen. Ein paar Häuser und die Agios-Nikolaos-Kapelle begrüßen uns in der Limnionasbucht. Von hier folgen wir der Schotterstraße zurück nach **Thymena 1**.

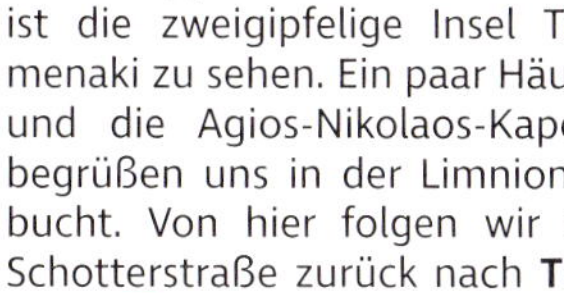

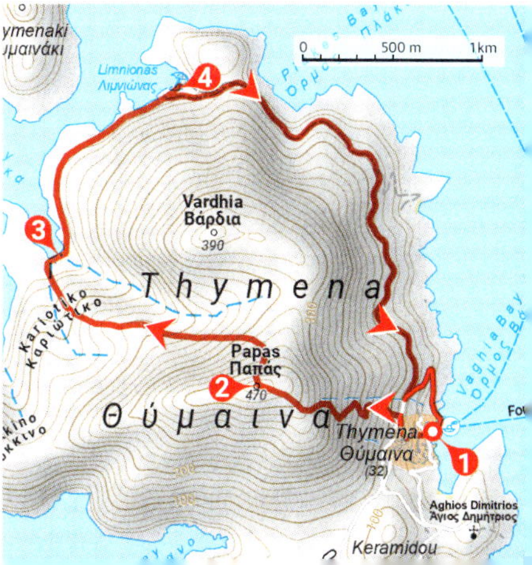

STICHWORTVERZEICHNIS

Yiá sas (Γειά σας)	Hallo
Antío (Αντίο)	Auf Wiedersehen
Parakaló (Παρακαλώ)	Bitte
Efcharistó (Ευχαριστώ)	Danke
Nai (Ναι)	Ja
Óchi (Όχι)	Nein
Sygnómi (Συγγνώμη)	Entschuldigung
Voíthia (Βοήθεια)	Hilfe
Póso kostízei? (Πόσο κοστίζει)	Was kostet das?
Éna (Ένα)	Eins
Dýo (Δύο)	Zwei
Tría (Τρία)	Drei
Déka (Δέκα)	Zehn
Ekató (Εκατό)	Hundert
Chília (Χίλια)	Tausend
Drómos (Δρόμος)	Weg
Monopáti (Μονοπάτι)	Pfad
Koryfí (Κορυφή)	Gipfel
Chártis (Χάρτης)	Karte
Vounó (Βουνό)	Berg
Koiláda (Κοιλάδα)	Tal
Potámi (Ποτάμι)	Fluss
Thálassa (Θάλασσα)	Meer
Paralía (Παραλία)	Strand
Farángi (Φαράγγι)	Schlucht
Kólpos (Κόλπος)	Bucht
Akrotírio (Ακρωτήριο)	Kap
Estiatório (Εστιατόριο)	Restaurant
Katálogos (Κατάλογος)	Speisekarte
Neró (Νερό)	Wasser
Krasí (Κρασί)	Wein
Býra (Μπύρα)	Bier
Logariasmós (Λογαριασμός)	Rechnung
Écho allergía se (Έχω αλλεργία σε)	Ich bin allergisch gegen
Kreas (Κρέας)	Fleisch
Psári (Ψάρι)	Fisch
Chortofagikó (Χορτοφαγικό)	Vegetarisch
Aláti (Αλάτι)	Salz
Pipéri (Πιπέρι)	Pfeffer
Orektikó (Ορεκτικό)	Vorspeise
Kyríos piát (Κυρίως πιάτο)	Hauptgericht
Epidórpio (Επιδόρπιο)	Nachspeise

Umschlagbild: Grüne Felsküste zwischen Drakei und Potami im Nordwesten von Samos.

Bild im Innentitel: Blütenteppich beim Aufstieg auf den Kerkis im Frühling. Im Hintergrund die Limnionasbucht und der Fourniarchipel.

Bild Seite 20/21: Bucht von Kokkari.

Alle Fotos von den Autoren und Markus Leopold.

Kartografie:
39 Wanderkärtchen im Maßstab 1:25.000, 1:50.000 und 1:75.000
gezeichnet von Florian Stender
sowie zwei Übersichtskärtchen im Maßstab 1:500.000 und 1:900.000
© Freytag & Berndt, Wien

Werk-Nr.: 4144

4., vollständig neu bearbeitete Auflage 2024

ISBN 978-3-7633-4743-8

FSC www.fsc.org MIX Papier | Fördert gute Waldnutzung FSC® C147178

Wir freuen uns über jeden Korrekturhinweis zu diesem Wanderführer!
Bitte per E-Mail an: leserzuschrift@rother.de

ROTHER BERGVERLAG · Keltenring 17 · D-82041 Oberhaching
Tel. +49 89 608669-0 · rother.de